怎样做父亲

[澳]大卫·腾绅 ——————————— 著

阮诗芸 ——————————————— 译

BIG
HEARTED
FATHERS

by David Tensen
Editors:Donna Ho
Quang Hii
Anne Hamilton

GUANGXI NORMAL UNIVERSITY PRESS
广西师范大学出版社
·桂林·

现在我们怎样做父亲
XIANZAI WOMEN ZENYANG ZUO FUQIN

著作权合同登记号桂图登字：20-2018-131 号

图书在版编目（CIP）数据

现在我们怎样做父亲 /（澳）大卫·腾绅(David Tensen) 著；
阮诗芸译. —桂林：广西师范大学出版社，2018.8
  ISBN 978-7-5598-1115-8

Ⅰ. ①现… Ⅱ. ①大… ②阮… Ⅲ. 亲子关系 Ⅳ. ①C913.11

中国版本图书馆 CIP 数据核字（2018）第 179320 号

广西师范大学出版社出版发行

（广西桂林市五里店路 9 号　邮政编码：541004）
　网址：http://www.bbtpress.com
出版人：张艺兵
全国新华书店经销
广西南宁华侨印务有限责任公司印刷
（广西南宁市北湖南路 20 号　邮政编码：530001）
开本：889 mm ×1 194 mm　1/32
印张：7.125　　　　　　　字数：160 千字
2018 年 8 月第 1 版　　　2018 年 8 月第 1 次印刷
印数：00 001~10 000 册　　定价：45.00 元

如发现印装质量问题，影响阅读，请与出版社发行部门联系调换。

作者简介

大卫·腾绅是一位商界主管导师和辅导专家，也是一位企业家、讲师、作家和录音艺术家。

大卫老师拥有超过 20 年跨越企业领域、精神健康和家庭辅导的经验。他汇集了从企业领导、情感健康到家庭教练指导的独特融合体验。他辅导的领导者来自世界各地，并通过他的非营利组织，促进各种社会与福利项目。

他采用世界著名的研究成果，为高度敏感的儿童和他们的父母进行了具体专门的培训，这些孩子们包括不知如何管理自己情绪的天才。传统的教育体系无法灵活和有效地指导他们，反而给这些新一代的青年领袖及其家人带来更多的负担。

大卫老师对当代的领导者进行辅导，培训他们知晓如何与下一代的领袖进行沟通，弥合两代之间因技术、语言及思维方式的不同而导致的鸿沟。他也与心理医生、精神保健领域和从事婚姻家庭辅导的专业人士合作，提供超前的领导艺术和自我管理方面的指导，因此，接受培训的领导者们不仅成为他们职业领域的佼佼者，在身为丈夫和父亲方面也有新的突破，成为典范。

欧特曼研究所使用临床和观测数据库的最新资料，研制和发展新的方案，对成千上万个家庭进行辅导。这个研究所在西方很著名，可说是数一数二的。研究所赞扬大卫老师的指导，并在他们的平台上发表老师的作品。

大卫老师与妻子和三个孩子住在澳大利亚的昆士兰州。他是一位充满激情的父亲，他人生的核心目标是当一位有爱、让人感到安全、诚实、顶天立地的男士、丈夫和父亲。

作者声明

请赐予我智慧。

假如造物主要实现你的一个请求，
你会乞求得到什么？

金银？权威？伴侣？
孩子？长寿？世界和平？

几千年前，
以色列的神就问了一位王：
"你愿我赐你什么？你可以求。"

王回答了："请赐予我慧，能辨别是非。"
于是他便获得了智慧。

假如是我在读这本书，我可能纳闷，问自己："这位年过四十的澳大利亚人觉得自己是谁？他能给我们这个优秀、古老与现代的文明传授什么新智慧？"我的回答是："要学的新智慧少之又少。人类赖以生存的法则自蒙昧时代以来未曾改变；人与人之间的爱，相互连接的需要，人生的目标与意义，我们的这些渴望都不曾变过。人类对优良的家庭教育和卓越领袖人物的需求也是亘古不变的。"

在书里我阐明了一些大众尽皆面对的普遍问题，展现、解决了当前问题的最新研究和应用，但这并不是说我能创造出什么新的生活法则或是人生境界。我尽力照亮一些阴暗角落，发现一些生命中隐藏着的或遗失了的原则。本书是陈年老酒换上新时代的配方，汲取了许多古老经典的智慧。

本书不但引述中国历史文化，也包含了犹太历史文化的智慧。中国和其他古代文明仍然保留着关于人类生存最丰富的智慧资源。书中蕴含的原理，来自经历沧桑岁月的古老智慧和箴言，已被反复验证，至今适用。书的内容绝非宣扬任何信仰，我写此书的动力是我对父亲与孩子关系重要性的关注，以及对中国家庭的关切。我希望在当爸爸的这个人生旅程中成为你——读者的友军。

怀着欢喜与感恩，我终于见证了这本书的成形。我很荣幸，我和我的书出现在你人生当中。愿我们一道启程，踏上成为渊心爸爸（原文：Big Hearted Fathers。直译为渊心爸爸，为本书之核心理念。——编者注）的旅程；愿我们的所作所为，继续践行这亘古之道，惠及子孙后代。

前言

Donna Ho,
中以澳文化友好交流协会董事

————————

要了解一本书的整体内容，首先最好认清其题材。一本讲草药及其疗法的书，读者若是按照读亚太经济趋势的思路来阅读理解，必然不可行，会陷入困惑。

那本书的题材是什么呢？

本书不会手把手教你如何做完美父亲，没有如何修炼成完美父亲的方程或公式。神经外科专家的最新实验成果表明，完美爸爸大脑中有特殊的神经丛，只有不到百分之一的男人拥有这种神经丛。本书亦不赞成此类结论，就算这是真的，那剩下的人呢？超过百分之九十九的男人怎么办？

展望未来之前，我们必须回顾过去。近百年前，现代中国史上极负盛名的作家鲁迅发表了一篇题为"我们现在怎样做父亲"的文章。他认识到了变革的必要，而且这种变革首先要从家庭开始，尤其是从一家之主父亲开始。每一位父亲必须带头变革，解救子女于过去的桎梏中，促使下一代走向更广阔、更光明的未来。鲁迅先生大声疾呼："救救孩子！"

一个世纪后，另一位父亲，跨越时空的阻隔，响应鲁迅先生的急切呼吁。本书开篇，作者登场，我们看到的是一位父亲，也是一位儿子，热切关心着"父亲与子女的关系"这个全球性社会问题。他爱中国，也爱中国人。作者与研究这一问题的众多专家有丰富的交流和共事经历。他是一位值得尊敬的人，因为他尊敬他人，这在当今时代是愈来愈难能可贵的品质。作者还致力于帮助他人处理家庭关系，并向中国伸出友谊之手。

中国是我祖上的故土，我希望看到我的同胞实现自己的中国梦。

中国有一档电视节目叫《爸爸去哪儿》，其中很多集都展现了孩子思念父亲的场景。这些孩子物质上毫不匮乏，但通过影像记录下的父亲与子女的对话，我们却看到他们急切需要父亲的陪伴。一个小男孩在访谈中流着泪埋怨爸爸总不回家，觉得爸爸是不关心他，才不愿意和他在一起。爸爸的生活方式给他带来了伤痛。

年纪这样小的孩子，说出的感受是最真实的，他们不会编谎话，节目制作人也没办法"诱导"他们。因此他们真情流露的话语更让人心痛，也暗示着这样的伤痛情绪在这些幼小的心灵中积压已久。

作者在西方早已看到这种社会现象，而另一个社会在走上同一条发展道路，甚至更上一层楼时，很可能会经历类似的严重问题。他希望其他社会能够从西方的惨痛教训中汲取经验，避免重蹈覆辙，发生不必要的冲突和惨剧。

作者使用了大量海内外的研究信息，并定义了渊心爸爸的三个阶段，这三个阶段简单实用而富有建设性，为父亲们打开一扇窗口，拓宽视野。完美父亲并非遥不可及，因为每个父亲都可以做出转型变革的决定。

本书的灵感来源于大卫老师和一个充满激情的群体，并通过他们的投入而最终完成。那么书中渊心爸爸的概念也需要一个群体在生活中进行实践，转变为真正的行动，从而带来生活方式与文化的转变。形成渊心爸爸的文化有三个阶段。

首先，本书是一封家书，邀请爸爸们深入思考和回应这些极少在大众和社区中进行建设性讨论的话题。

其次，我们也邀请爸爸们参加一个社群平台，参与其中，相互鼓励，在成为渊心爸爸的过程中有更深层次的洞察、了解并获得智慧，结合当地的文化，以进入下个阶段。

在第三阶段，成为渊心爸爸，建立健全的生活方式，成为社区里的模范。这样新一代的父亲配备了创新的智慧，不仅能影响他们的家庭和他们国家的社区，也会影响世界。

从古代到现代，中国一直拥有着奇妙和精彩的智慧，以至于几个世纪以来，中国一直影响着世界。现代中国发明了更多的技术并提供了各种有益于世界的产品和服务，但笔者认为，中国还有另一个出口"产品"，将更大地贡献于世界：拥有中国特色的智慧和情商的复合型人才，与现代趋势相结合，带给世界经济增值的优势。

诸位父亲必须寻找现代的、务实的方法当好孩子的爸爸。本书并非教材，而是一份邀请，希望中国的爸爸们能同舟共济，分享和聆听彼此的经验。作者希望唤醒那些已经当了爸爸的人和将会当爸爸的人，发现自我，意识到自己对子孙后代、对家庭甚至世界的深远影响；希望人们以构建良好父子关系的基本原则进行实践，塑造杰出的下一代。

作者提出的构建良好父子关系的原则根植于东方文化。他将古老的智慧应用到现代；所谓渊心爸爸的基本特征是有爱、诚实和给人安全感。众所周知，一个人是他过去的总和，但当前我们依然可以做出更好的、崭新的决策。我们自己和父辈的过往既已成事实，无可厚非，但我们可以选择对自己进行新投资、为子孙后代做出努力。

谨以鲁迅先生百年前的一句话作结：

中国觉醒的人……便须一面清结旧账，一面开辟新路。

目 录

第 1 章

东方与西方的会合

Chapter 1

The Union of
The East
and
The West

在进入正文前有必要先讨论几个话题。我深刻意识到，澳大利亚与中国文化有差异。从社会观念上来说，澳大利亚极具个人主义色彩，而中国以集体性著称。西方表达的方式是低语境的，这意味着说话人直接表达自己的含义；而东方人表达的方式是高语境的，不直接说出含义，而是依赖语言微妙之处、语境等进行沟通。而我希望读者知道，虽然我的表达方式是低语境的，但我和我的团队尽力使本书接地气，使相关话题更有意义和相关性。

首先我想在这儿向所有的中国父亲送上衷心的感谢。当我在中国访问时，他们敞开心扉、毫无保留地把自己的心事、所面临的挑战和渴望公开地与我分享，希望我能给予建议。我听取了许多的回应，并注意到许多父亲对父子关系的常见误解。书中很多话题就来自这些父亲们的顾虑和挑战，而这些话题又激励我作出回应，写给他们这封"家书"，找出适合中国国情的父子关系原则。他们也希望这本书能够成为

对中国父亲们的祝福。

当今世界是历史上前所未有的交融与共享的世界，我们必须和谐共存。虽有文化差异，人性中仍有共同的需求，这种需求包括：得到父亲的认可、亲人的爱和肯定，在鼓励和赞美中进入成年期，走向自己的未来。

出于职业要求和个人激情，我去过很多国家，其中当然也包括中国。2015 年到 2017 年期间，我数次前往中国，采访了年龄各异、处于不同人生阶段和来自不同社会阶层的人——在村庄、地级市、直辖市，从蓝领到白领再到公司高层领导，从大型会议、专题座谈会、学者论坛到私人邀请的聚会，我都访谈同样的主题：身为父亲，你心中理想化的父亲是什么样子的？你的理想和现实有什么差别？你面对哪些挑战？你对父辈的养育方式有什么看法？你现在和自己的孩子关系如何？夫妻关系呢？在当今的中国社会，做男人意味着什么？

他们的回答里，都带着一些无奈、担心和不知所措。他们本身经历了负面的父与子之间绝对权力和威严式的关系，来自封建制的孝道是命令式的，要求绝对地服从，而忽视父与子互相沟通和互动，这反映了鲁迅先生的一句名言：若是老子说话，当然无所不可，儿子有话，却在未说之前早已错了。他们也意识到这一种父子关系落后了，行不通了，但是又有"怎可放弃自家传统"的思想上的矛盾。他们也试过把西方很多教材中的内容直接搬用，但它很别扭，由于文化观念和环境的差异，再加上它还驱使孩子们表现出消极的极端行为，也行不通。他们迫切想寻找一个接地气的、新时代的方案，来调和父与子的关系。

他们的回答，和我在澳大利亚、新西兰、以色列、印度、印尼、日本、韩国、荷兰以及南非所获得的回应和收集的资料有百分之八十以上都是一致的——爸爸们都不知如何把本国文化的精髓准确地传递给下一代。打个比方，有一部分中国孩子对孝顺这个传统概念已经有了负面的感受，甚至认为是个负担。

我认为中国不适合全面采取西方模式，将西方思维全套引入；而需要明智地选择，选择从其他文化所遭受的挫折中学习、吸取教训，保留本国文化的精华，开拓具有本国特色、正能量和接地气的新模式。

我在中国做访谈和研究期间看到一些人面对动荡复杂时期的态度，很受鼓舞。中国经历了一个世纪的剧变，我看到一些中国人展现出不同凡响的坚韧和乐观。有一个晚上，我与十五位商界精英座谈，那是一场围绕"做父亲"及其影响的独家对话。我谈了自己对中国家庭的担忧。在西方，由消费主义主导的繁荣之路是以销蚀家庭的根基为代价而开辟出来的，令人痛惜。我担心，假如一个国家的男性不站起来为家庭而奋斗，对子孙后代将产生地崩山摧的影响，历史已清楚地表明这一点。

访谈中大家各抒己见，我印象深刻的是，有一人，个子不高，但满腔的激情，突然站起来，指着我和其他人高声说着什么。

我听不懂他说什么，就凑近翻译员，问："我做错什么了吗？说什么惹怒他了吗？"

"不是！"她回答："他并非对你不满。他是在强烈支持你！"译员接着翻译这人的话——我想称他为"炮仗男"吧。他说几十年来，商界的风气都是不论代价，只管努力，可以不诚信，可以腐败，生存第一！他激动地说："我受够了，我不想再牺牲家庭、孩子，不想再虚伪使诈。老师说得对！一定有更好的办法！"

"炮仗男"的经历和感受并非个例，成千上万的商界人士已经开始意识到，二十世纪八九十年代对待生活和商业的方式已经不可持续。

国家不能建立在消费主义的基础上，却牺牲了子孙后代的未来。为家人打拼，却不能陪伴他们，这种人生又有什么意义呢？

　　你看，人性有共通之处。科特·汤姆森博士（社会心理学家）说过："我们的一生，都在寻找那个也在寻找我们的人，锲而不舍。"我们都渴望被父母了解和接纳，孩子生活中需要有父母爱他，给他健康诚实的榜样，这得到了绝大多数社会科学研究者的支持和共鸣。你可能会问，为什么一个澳大利亚的父亲，会花三年时间研究中国，给中国的爸爸写一本书（或一封长信）？我们都是模仿的生物（模仿上一代的行为和思维），我们看到什么，就会做什么。在我的专业领域，当我接受各界人士的咨询并给予指导时，我听过很多男人埋怨自己，他们想要做一个好爸爸，却不知所措，而自然地模仿了自己的父亲，于是带来了更多痛苦。那么，该怎么办？谁能引导你走上一条更好的途径？

在个人方面，我爱中国，我一直对亚洲人很有感情。在墨尔本，我还是个学校里的黄发小孩时，我就有很多中国朋友。我喜欢去他们家，帮他们做简单的搭桥引线的事情，比如预约修车、打电话（因为他们英语还没熟练到议价的水准）。他们总是以微笑和美味的中式烹饪来感谢我。对一个十三岁的少年来说，还有什么比这更棒的呢？

我就通过这样平凡却留给我深刻印象的方式接触到了中国家庭的文化。我的中国朋友都和母亲一起在澳大利亚生活。他们的父亲在中国工作养家，让孩子在海外接受教育。因此我的朋友们极少见到父亲，生活中失去了男性的影子。

深入了解他们的家庭历史后，我发现这种家庭模式往往已持续多年，已成为虽然无奈但已被接受的事实。不必我说，读者也知道过去四十年的中国和几百年前完全不同，你们比我清楚得多。市场经济的转变使中国的经济达到了前所未有的水平，在过去四十年内转移到中国的财富相当惊人。这一切得益于企业家的精神和领导力。

这就是我们的挑战！以往，迫于压力，父亲们不得不将妻儿留在村里或送到海外，而父亲在异地务工，一分别就是数月，甚至数年。现在因为科技通信发达，有新的务工方式，分隔两地的压力已经大为减少，

母亲也有不错的收入，父亲可以陪伴妻儿，同时养家。很多读者都已有合意的生活品质，甚至享用着过去皇帝都享受不到的奢侈品，这是你们的祖辈呕心沥血才换来的好日子。大家过上了小康生活，现在是我们注重家庭关系和在情感上有更多投入的最好的时机。"炮仗男"和你都知道，若我们不注重情商而单一追求智商的话，家庭最基础、最根本的架构和系统得不到维持，下一代将无法把握中国新时代的走向，中国高速增长的经济之树将会倒下；而这会是全球性的悲剧，因为这个时代需要中国。

做父亲不是学习一本指导手册就能懂的，对吧？我们做父亲的基本模式就是从我们父亲那里学来的。人就是以模仿的程式成长的。所以新模式必须从你开始，现在就是最好的时机，让你的孩子目睹你开辟新的途径，模仿你！因此，中国男性，在你继续往下读之前，我希望你摒弃罪恶感，不要有羞耻感。你既然选择阅读本书，我猜你是希望成为一位更健全的父亲，一位更好的丈夫。你有这个想法很棒！只有先发现问题，才能解决问题。你的父亲已经尽力了，你的祖父想必也做了最大的努力，但现在中国男性们不仅仅要成为世界经济的领航者，更要成为新时代的渊心爸爸。

为此，你需要踏上一条新的道路，一条被实践证明了的处事之道，一条不同于以往的道路，一个全新的典范，一个几个世纪以来不断得到验证的道理。**伟大时代的构建需要有意识的计划，更需要以坦诚为基础。**

我邀请你和我一起，在保证银行储蓄充足的同时，也保证你的子孙后代心灵充实，让他们见证你开辟新途径，效仿你的榜样，瓜瓞绵延。感谢你的阅读，我代表后世感谢你。

第 2 章

改变世界
从你开始

Chapter 2

World Change
Begins with
You

历史讲述的故事深刻非凡，英雄与恶徒世代辈出。幸运者有之，他们受护佑而行，付出甚少，而财富饱收；不幸者亦有之，他们仿佛身负诅咒，事倍功半。

你是否稍稍考虑过，百年之后，或两百年之后，世人如何评价你与你的同代人？下一代人、你的儿女将如何评价你给他们留下的影响与基业？

中国的男性，世界需要你们。你们难以被忽视。你们日复一日出现在西方社会媒介上，无论是手机、电脑还是家庭电视。你们是否意识到中国男性是世界上最大的性别群体？你们占世界人口将近百分之十，想想就令人震惊。这个统计数据可能让你们感到强大无比，或微不足道，甚或惊愕不已，但最重要的是，我希望你们感到了自己的责任。你们有能力改变地球。

中国的男性，世界需要你们成为最有显著影响力的自己，这是你们生而能做到的。我写这本书是希望你们之中有人决定深思熟虑、目标明确、意识清醒地生活。本书中，我将请各位考虑一些可能从未有他人请你们考虑过的问题。我提供的想法、建议和做法会带来挑战、触动和启发，让你激发潜能，改变世界。

我想请你记住一个亘古昭然的真理。你准备好了吗？

"所有生命物质都从人心流出。"

因此，历史充满了奇幻伟大或惨绝人寰的故事。因人心之强大，能让世界变好，也能变坏。改变世界，是从你的心开始的。

布莱斯·帕斯卡尔（1623—1662）是一位法国数学家、科学家，因其关于液体压强和概率的理论而闻名于世。他16岁就写了一本关于几何学的书，19岁就设计了世界上第一台数字计算器。这个杰出人物在许多领域都颇有影响。他留给后代的名言之中，我最喜欢的是："心之感性的原理，理性一无所知。"

换句话说，人心可以毫无理性、毫不合理，尤其是在未受考验和审视的情况下。

所以首先，我想谢谢你选中这本书，勇敢迈出了第一步，开始改变你的世界、我的世界，以及我们将留给子孙后代的世界。

如何使用本书

我听闻，男人的大脑像蛋奶华夫饼，女人的大脑像意大利面。

原因是，男人倾向于分类、区分许多事物。我们有工作区块、核心家庭区块、爱好区块、信仰区块、非核心家庭区块，区块间彼此极少接触或交叉。而女人并不以这种分类的方式看待生活，对她们来说，每个部分都相互接触、影响，生活是一系列事件相互缠绕、交织而成的。两种思维或途径没有优劣之分，而只是体现了男人和女人大脑构造方式的不同。两种能力都是天赋，它们互为补充。

考虑到这一点，作为男人，面对其他男性读者，我希望以务实的方式来进行表达和说明。数据表明，大多数人买了书不会看完，尤其是男人，但是男人喜欢读的书通常和他们的大脑编排方式一致，有分类细致、易于查找、实用方便的分区。所以，如果你已经翻看后面的内容或是目录，你会注意到我给这本书分了许多章节，使其能够在你

需要时用作一本参考手册，有方便检索的分区。尽管如此，我还是鼓励你逐章阅读，因为每一章都有独特的话题与观念，它们之间都相互关联，每一个章节都建立在前几章的专题讨论基础上，并提供更深入的见解和建议。

三个价值

读过序言你应该就会发现我的关注点：人心。

本书主要写给男性，女性也能从中受益。在更深的层次上，这是一本关于做父亲的书。关于这一点，一些读者可能不是父亲，有的人可能因为某些原因以后也不会是父亲。但是我们都是父亲的孩子，而且身为男性，我们都是儿子。儿子这个身份是全世界所有男人的共同点。

根据我的研究及我多年来和社会各界男性沟通交流的工作经验，我注意到父亲与儿子的关系是地球上最重要的关系之一。一个男人可能并不了解也并不爱他的父亲，但事实上他的生活仍深受父亲的影响。

几千年前，以色列一位富甲天下的王曾写道：

"培育孩子要用他应当遵循德行智慧的途径，长大后他便不会偏离此道。"（《箴言篇 22:6》）

我们要明白，这不是某种哲学，而是生活的原则。我们相信与否

不重要，就像物理世界的重力原理，这是精神世界里运作的一条基本法则。父亲设定我们人生的道路。假如你是一位父亲，你的生活和你与孩子互动的方式将深刻影响他们，也深刻地影响未来。

这就是为什么我对做父亲这个话题富有热情。做父亲是顶级的、最困难的领导形式。所以我深信，世界要改变、要趋于纯朴，只有让父亲的心回归到孩子身上，让孩子的心也回归到父亲身上。我相信这在我们的一生中能够做到，但需要有坚定的勇气和信念，需要你。

下面是第一个练习题。本书中有很多练习题，因为我希望本书能提供指导、带来变革，不仅仅是提供静态的信息。所以请花一些时间，仔细想想下面关于你人生的题目：

● **你父亲是如何培训你的？**

紧接着这个问题我还想问：

● **这样的培训（或培训的缺失）如何影响了你的人生走向？**

我希望你费些时间思索这些非常重要的题目。

好消息是，无论你的过去如何，你都能改变你的未来。我想提出"渊心爸爸"具备的三种品质：

- 有爱
- 让人感到安全
- 诚实

我个人不认为有除此以外更好的品质。我致力于成为一个有爱、让人感到安全并且诚实的男人。若中国的爸爸们在生活各方面都能以有爱、让人有安全感和诚实著称，这会非常了不得。让我们进一步看看这三种品质。随着内容深入你会看到我在全书中不断提到这三点，因为它们就像板凳的三条腿，三者齐具才能保持平稳。若其中一条没了或短了，板凳都会倒。

有爱

我深信，全世界人心中最根本的组成部分是爱，但这也是最常受到伤害的部分，尤其是父亲和儿子之间的爱。

我们被爱的方式决定我们爱人的方式，尤其是我们如何向家人和亲人表达爱。我们甚至可能学会为了得到爱而给予爱，而当得不到想要的回报时，我们会感到被离弃、遭拒绝、受忽视。

每种语言和文化都有形容不同类型的爱的词句。英语在爱的概念上有表达缺陷。我们会说"我爱吃牛排""我爱我的孩子""我爱足球"，等等。

　　希伯来和古希腊这样的古老文明，谈论爱的不同类型时使用不同的词。我最喜欢表达"爱"的外语词是希伯来语的"ahava"，意思是"我给予"。爱主要是指我们给予爱的时候所感受到的心情，没有比爱更好的礼物了。为什么？因为这种给予的爱在给予者和接受者之间构建了纽带。

　　现在我想请你再考虑一些题目，接下来是你的第二个练习题。请花一些时间写一写或想一想下面这三个问题。请注意，这不是测试，目的不是找到一个正确或错误的答案。这是反思和省察，只有来自你内心真实的答案才会有效，有帮助。所以，请诚实地回答这些题目：

- **爱是什么?**
- **爱对你意味着什么?**
- **爱是如何展现的?**

假如你像我所希望的那样花一些时间回答了这些问题，我想请你再思考以下两个题目。答案可能浮现得很快、很容易，也可能很慢、很艰难。温馨提示，你内心最真实的回应才最有意义。

- **你爸爸爱你吗?**
- **你怎么知道他爱你?**

我自己也回答了以上题目，而且不止一次。我每次回答时，答案都很自然地稍有变化。我五年前的答案就与现在不同，我觉得这是因为我做了健康的选择，从而使得内心不断成长。

所以，我希望你花了时间与心思考虑了以上所有的题目，因为你真实的答案可能会是转变你人生的开始。

让人感到安全

和有安全感的人在一起，我们容易成为最自然的自己，不需要躲在面具后面。我们可以坦陈自己的想法和感受，和安全的人在一起我们感到舒服。

"让你感到安全"意味着你可以信任这个人，相信他尊重你的核心利益。

渊心爸爸让他人感到安全，因为他坦然地做自己。渊心爸爸们知道自己不完美、别人也不完美。他们懂得界限；他们的存在就让人感到平和；他们没有城府，别人不会有理由怀疑他们。孩子们喜欢与这种人亲近，其他家长也放心。这是一个渊心父亲从内心深处流露出的内在品质。

让我们看看你的生活中是否有这种重要的"安全"感的品质。请你回答下列简单问题：

● 你和爸爸在一起感到安全吗？
● 他让你感到安全是因为他做了什么，或没做什么？

同样，这些问题很重要，因为我们通常遵循父母对待我们的模式对待世界。

诚实

诚实涉及我们生活的许多方面。渊心爸爸明白，自己的父亲角色即使在出门工作时仍然继续，他们明白自己不能在工作时受贿、撒谎、盗抢，回家后再保持诚实。渊心爸爸一天 24 小时都注重诚实。

这对你来说可能容易，也可能困难，因为很多男人过着工作和家庭截然分开的生活。西方很注重男性"诚信"这一美德，尤其是在工作上。简单地说，我们靠诚信做人意味着表里如一，不随环境变化而过不同人的生活。

或许你接触过一些人，他们在不同环境下表现出相当不同的人格。在家是野兽，在单位和蔼可敬，或是恰恰相反。我们都会在不同环境下表现出"适当"不同的行为，但这种差异越大，我们就越难以自处，便成了扮演不同角色的演员。进入角色的时间越长，扮演起来就越容易，就越难注意到自己戴着面具，尤其是仅仅为了在某些场合下显得更体面。

各地流传着一则古老的中国寓言。一位皇帝想把一切最好的东西给自己的太子，等到挑选太子妃时，他决心找一位好姑娘，能帮助儿子修养身心、成为最卓越的自己。

于是他定了日子，将全国的未婚女子不论贫贱富贵都召到宫中。他面对庭院里排列成行的众女，给了每个人一颗闪亮的种子和一个装满土的小盆。

皇帝对着出身匠人、伶人、贵族或农民的一众女子命令道："种下这颗种子。给它浇水、施肥，仔细照看，就像呵护我儿的心一样。三个月后回来，向我展示你们的成果。"

明朝初年,太祖朱元璋想为太子挑选一位妃子。

整个帝国的美貌女子都被带到了皇宫。

陛下,请允许我为您介绍这位来自山西的常萍女士。

父皇,她可是最美的一个。

有人告诉我山西出美女。毕竟,四大美人之一的貂蝉即出生在那里。

所有的女孩都捧着花盆回到了皇宫,排成一队。

她们安静地等待皇帝的到来。

丽华悲哀地看着自己空空如也的盆子,尴尬地站在一边。她什么也没有种出来。

其他的女孩也注意到了她的空花盆,大家都禁不住笑了起来。

她们的花盆里，一簇簇绚丽的兰花盛开着。

皇帝和太子走进了庭院，快步地走向了捧着空盆子的丽华。

把手拿开，让我看看你的成果。

丽华在向皇帝和太子下拜时极力保持镇静。

你每天为它浇水了吗？

是……是的陛下。

你每周都为它施肥吗？孩子。

是的，陛下。

丽华惊讶万分，她一时不知所措。皇帝叫她"孩子"，难道说，他早已做出了自己的决定？！

你的种子没有发芽，我并不惊讶。

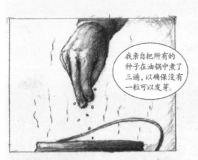

我亲自把所有的种子在油锅中煮了三遍，以确保没有一粒可以发芽。

皇帝于是轻轻地把丽华扶了起来。

我能给予儿子的最好礼物，并非金银珠宝，而是一个满怀诚实之心的新娘。

丽华，一个普通的农家女，成为了太子妃。她和太子的婚礼极尽奢华，但这对任何一个有着金子般内心的女孩来说并不过分。

一个年轻的农家女子带着种子回家了，认真地吻了吻，将它种在小盆里，每天浇水，但一点绿芽的影儿也没见着。她每周施肥，土里一点动静也无。她唱歌哄诱，让温暖的阳光照耀，满怀渴求与热望，但什么也没有长出来。

日子到了，她几乎不想回到皇宫去，但又不便把皇帝给的小盆擅自留下。她想：或许我可以交给某个守卫代还。她来到皇宫，想要向守卫解释她只是来还盆子，但却跟着人群被守卫赶进了宫。

放眼望去，周围的姑娘们手捧绚烂多姿的奇花异草：芳香雪白的百合、雍容华贵的牡丹、清丽脱俗的银莲——全都生长在皇帝赐予的小土盆里。

钟声敲响，皇帝走进庭院，众女一齐跪倒，身前放着小盆。年轻的农家姑娘躲在最后一排的角落，双手掩着光秃秃的盆土。

皇帝迅速地走过一排排人群，走到农家姑娘面前。"把手拿开。"他命令道，"我想看看你的成果。"

皇帝躬身审视她的盆子，姑娘羞红了脸。

"你每天给它浇水了吗？"他和蔼地问道。

"是……是的，陛……陛下。"她结巴着答道。

"你每周给它施肥了吗，孩子？"皇帝声音中带着笑意。

农家女子鼓起勇气抬眼一看，皇帝正在微笑。他还叫她"孩子"！

"是的，陛下。"

"你的种子没发芽，我并不惊讶。"皇帝说，"我亲自把所有的种子在油中煮了三遍，确保没有一颗能发芽。"

他伸手将她拉起，同时轻蔑地环视其他姑娘们呈上的美丽而虚假的花朵。

"我能给儿子最好的礼物不是金银，而是一个内心诚实的伴侣。"

遗憾的是，世人多不知如何向他人展现真正诚实的自我，而是习惯性地戴着面具，牢牢地戴着，以至永远摘不下来。而悲惨的是，正如故事中皇帝那样的渊心爸爸一样，孩子们似乎有能力透过面具看到我们的内心。孩子们接收到的真假混合的信息将破坏你和他们的关系。

下面是基于你的成长而设置的关于诚实的题目：

● 你爸爸是个诚实的人吗？
● 他的工作和家庭生活一致吗？
● 他是否在不同环境中的表现差别巨大？

这些问题对一些读者来说可能难以回答，你或许不知道自己的父亲在工作上表现如何。但是我想你内心深处对于你父亲的真实性格如何，想必会有一个切合实际的判断。

我们会在全书中更深入探讨这三种品质。我希望看到最后、哪怕只是看到这里，你就会将这三种品质视为渊心爸爸的立身之本。

子孙亲友们会如何评论你？

下面是个有挑战性的想象练习题，我自己做了多次。我一边写，一边深呼吸，准备我的回应。因为这个题目拷问着我的灵魂。

长久以来，西方人死后葬于公墓，死者亲友为其立一墓碑，碑上刻有基本信息，如死者的全名、生卒年。接着通常有一段文字，为死者或其家人之言，是关于死者一生的一句话。

在葬礼上，亲友通常会就死者的一生发表讲话。这是"悼词"，来自希腊语"eulogia"，意为祝福。悲哀的是，很多人直到死后，才得到亲人与所爱之人的祝福。不过，对被抛下的亲友来说，这样积极的哀悼是表达悲哀的健康、良好途径。

这道习题需要你想象百年之后：

● 他们会如何评价你？
● 他们会如何描述你的一生？

我请你认真想想！十年、二十年、三十年、五十年、六十年、七十年、百年之后，他们会如何评价你，你又希望别人如何评论你的一生？

我至今还未在任何人的葬礼上听到亲友谈论死者在事业上多么出色，谈论他们所爱的人曾花费多少时间发展事业，多少次得了单位最佳员工奖，为此常不归家。不，亲友们回忆着的都是过节、度假、欢笑和家庭团聚的时光。孩子怀念的是爸爸帮助他们度过害怕和忧虑的时刻。

同样，我希望，我离世时，我的亲友们会说我充满爱、让人感到安全且诚实。他们会怀着悲伤思念我，说我一生都在为所爱的人尽责，并爱着我所尽责的人。

他们会如何谈论你呢？

你内心深处想象或渴望的是什么，就下定决心朝着这些目标努力。不过请记住，渊心爸爸留下的不仅是金银财产，而是爱、安全感和诚实。他们激励别人从心而活，促使别人勇敢活出自己。和渊心爸爸相处，让人容易坦诚面对自己，让人愿意奉献最好的自己。

因此，在读下一章之前，请花一些时间思考以下练习题：

● 假如你这个星期就去世，他人会如何评价你？
● 假如你活到七十多岁（中国人的平均寿命），你希望他人如何评价你的一生？
● 这两种情况有何差异？你会做什么来积极地改变？

对于比赛来说，重要的不是如何开始，而是如何结束。无数运动员、商务人士和社会领袖开头并不顺利，但结果出色。只要你还在阅读本书，肺里还有空气，比赛就还没结束。即使你回顾过去，意识到自己是个糟糕的丈夫、爸爸、孩子或朋友，你依然可以下定决心，赢得终局。

选择每天做出新的决策，改变未来他人对你的评价。

第 3 章

有意识地生活

Chapter 3

Living
Intentionally

我们在上一章已尝试回答了一些难题。我们必须明确，只有发现、了解问题才能转变或解决它。

闻名世界的物理学家爱因斯坦曾说："假如我只有一个小时用来解决问题，我会花 55 分钟思考和评估这个问题，再花 5 分钟思考解决的方法。"这不意味着在绝望中困溺于问题，而是充分地、多方面考虑问题的真相和根源，花时间彻底了解问题，以便周全地解决问题。

受多种因素所限——其中一个就是人心会蒙蔽自己，我们的内心会产生偏见，导致我们在判断和解决问题上有偏差，我们会倾向于为自己的错误找借口，例如：

"这是爸妈让我做的。"
"社会没给我机会，我没有其他的选择。"

"没时间、没权力、没机会、没钱。"

无论是什么原因，当我们犯错时，我们都要认真地去看待真情实况，去面对，而不是为自己开脱、狡辩或找借口；我们都要捂住自己心里那"小律师"的嘴，阻止"他"为自己狡辩或诿过他人。现在的我很喜欢挖掘自己能做得更好的领域，尤其是当我们发现问题的根源时，因为这让我们有机会像一位渊心爸爸那样去选择面对和转变。

请记住，仅仅因为你失败过，并不意味着你是一个失败者。我们不能让错误、失败给我们下定义，因那定义是耻辱的声音，而这声音会阻碍我们找到真相和超越自我。

渊心爸爸的生活条理清晰，绝不拖沓散漫。他们会选择有意识地生活，塑造自己的心灵和性格。虽然你无法掌控外界环境、市场，操控他人，无法改变天气，但你可以**选择**掌控自己对生活的态度和回应。你可以有意识地修炼自己的心灵和品格，让你的行为从健全的内心生发。

我希望你回答并思考了上一章的几个题目，因为有意识地生活的关键，是要诚实地看待两个问题：你现今是什么样的人和你未来希望成为什么样的人。

秉持有爱、安全、诚实的高标准，将转变你的一生，甚至你的世界。你能想象如果中国的几亿男性都有意识地生活、选择自己想成为的样子，这会是多么巨大的力量呢？嘿，想必是震天动地、地动山摇的！

这本书的核心是成为卓越的男性——渊心爸爸。我不是在讨论你想做什么样的事情，而是关注和讨论我们想成为什么样的人。做和成为是两回事。渊心爸爸之所以为人所知，是因为他们的人格，而不是他们的工作岗位、头衔或社会角色。

同样，当你回顾童年会发现，孩子首先模仿大人的是他们对人和对事的态度与做法，而不是关心外在的头衔或身份等等。如今你已成人，是父亲了，影响你孩子的是你的为人，而不是你做的具体的事。换句话说，对我们影响最深刻的是人心奏出的乐曲，而不是通过人手操作生产出来的机器化的产品。这个话题希望我能与读者，你，面对面深谈。

很多人怕有意识地生活，因他们内心深处认为自己达不到所设立的高目标，最终会因失败而陷于自责。这种恐惧人人都有，这是对失败的恐惧。你知道关键是什么吗？就是要选择与失败做"朋友"。听说过一个说法吗？失败乃是成功之母。真的，失败会是一个不错的"朋友"！请别试图逃离失败。其实失败指示给我们一项更重要的心灵动态，那就是专注地、有意识地生活。近年来许多国家研究出一个成果，就是重视情商才能培养出新时代真正的领导者。因为情商能培养人去专注而有意识地生活，成为具有长远愿景的领导者，而不仅仅是追求短期规划下的平稳回收。颂扬专注而有意识地生活，并非只是关注财富和地位，而是培养卓越品格。

我有三个孩子，分别是八岁、十一岁和十四岁。我和妻子都有意识地赞美孩子们的专注。例如，我的女儿从小语文很好，能读能写，两者都做得自然流利。我们曾面临一个抉择，该赞美她的专注力还是她的成绩？（我们选了前者）她在学校语文成绩很好，但我们知道这对她来说很容易，她只需要花一点努力就有不错的成果。我们问她觉得困难与否，她说语文容易但数学难。这在小女孩身上很常见，和小男孩正好相反。我儿子则擅长数学，但在阅读和写作上更觉吃力。

现在几年过去了，孩子们知道父母最重视的是专注力。假如他们获得了好成绩（比如 A 级），但来得容易，而在另外一个领域他们费尽了精力却只得了 B 或 C 级，我们会更认可和赞美后者。

为何这么做？身为父母的我们想让孩子们知道，最重要和带来成就感的是专注力。我们也在培养孩子们的情商和品格，孩子们逐渐长大成人的过程中，会领会父母对他们的爱是无条件的。我们也不怕孩子经历失败，更不鼓励投机取巧而获得的成就。我们赞扬持久的努力，以执着不放弃的心态去做好每一件事，同时也不错过人生路上的沿途风景。

我与你分享这个人生经历是因为对很多人来说，他们对失败的恐惧源于他们所深信不疑的一个弥天大谎：假如在某件事上做失败了，我就是一个失败者。这个想法是大错特错！

"做"与"是"完全不同。

相信这个谎言会使你无法有意识地生活,无法设立健康的目标,消除困难。

有意识地生活还能帮助我们拥有对事对物分清轻重缓急的智慧,抛弃那些不重要的事物,即使它们看起来好像有趣、有回报、有价值。但是这些事物反而会夺走你的精力、时间、资源,甚至成为你的绊脚石。

几千年前,一位以色列王写了一本关于智慧的书,其中涉及有意识地生活的内容:"无远见深谋则殆;遵教诲律法则得福"(《箴言篇29:18》)。这里是说要有远见才能正确抉择,而这抉择会带给下一代福祉。换句话说,前人栽树,后人乘凉。

举个例子:我的父亲七十多岁了,几乎抽了一辈子烟。他过去在一家欧洲烟草公司工作,他的一项工作是试吸并测试香烟。没错,有人给他钱让他抽烟!约十年前,他做了个颠覆性的决定,有意识地健身,让吸烟的欲望从身体内部自动消退。你猜怎么着?他成功了!他的目标不是戒烟,而是强身健体。他特意买了一辆运动自行车,现在每周轻轻松松骑200多公里。他把健康置于首位,每天一大早就起(这里夏天4点半就天亮了),开始积极锻炼,为的是自己的健康,从而享受生活,与孩子和孙儿度过更多美好的时光。

有意识地生活的渊心爸爸自然会获得另一个重大的回报，就是他们的人格发展会使很多人受益。以我的父亲为例，他健身的选择不仅有益自身，还帮助了孙子孙女。为什么？因为现在他的心肺更强，应能活得更久。但如无此远见，他可能已去世，就不会有时间陪伴孙儿孙女，也无法继续影响他人的心灵和生活。

我知道读这本书的爸爸们可能是企业家，有自己的事业规划，有明确的经营目标和策略。我想问问你：你有人生目标、规划和策略吗？

不只是写在纸上，而是写在心里的策略。这策略能帮助你专注于你的人生目标，从而任何事物都不能分散和夺走你的专注力。

如果你对你的未来、对你想要成为什么样的人都没有任何远见，人生很可能逐渐失去意义。

那么可以从哪里着手呢？要让有意识地生活成为一种适然、舒畅和喜悦，而非负担，你需要做什么样的决定呢？

我谈谈我的生活，从我观察到的和听闻到的他人的生活方式中，希望能提供给你一些想法。你可以采纳或不接受我的建议，关键是要忠实于你自己的内心、你的年龄、你的人生阶段和你独特的生活环境。

别再过分承担责任（给予自己高质量的宁静空间）

二十一世纪，人们的生活以繁忙、工作压力大和信息超载为特征，因为扛起的义务多，责任又重。那么他们可能在事业、工作处于淡季和沉寂期的时候，积极参与社团、体育俱乐部，或者是在办公室加班，盼望找出新的出路和机会，为的是给自己的事业和工作寻找翻身的机会。当事业又回暖时，他们又进入压力重重的大转盘。

上面的叙述勾画了二十一世纪人们晦暗的生活图景，似乎是永无止境的循环。现代领先的企业家已经找到如何摆脱这机械化生活方式的钥匙。请允许我分享下面的这个经历。

在工作淡季或度假时，我都会选择尽量少去做决定，尤其是需要承担更多责任的重大决定。在假期或淡季结束后，我这样的选择使我获得了创新的思路。这些创新的思路帮我更有创意性地辅导客户。我不奔波忙碌，不做出更多承诺；相反，我选择减去费精力又没有收成的事务。我清理掉那些与我人生目标不符的责任，那些与爱、安全感和诚实的价值观不相关的义务。

我强烈推荐利用这个难得的机会，回顾你的目标和你的梦想，思考怎样使你的业务得到新增值，以满足快速变化的市场需求。在这竞争激烈的市场中寻找新事物，并充分利用这段时间重新定义业务的独特位置。

降低生产率

如今无数人绞尽脑汁、千方百计保持效率、提高生产。假如你是使用这种方式的人，那么有意识地保持生活的平衡就十分困难了。

我曾经辅导过一位"工作狂"爸爸，每次妻子问他是否回家吃饭，他都要问妻子吃饭花多长时间，然后他便开始计算和妻儿相处的分分秒秒会导致他亏损多少可能赚到的钱。当他愿意转变他的思维，懂得跟妻子聚餐的时光胜过任何赚钱的时刻这一道理后，他决意将家庭置于首位，他得下定决心降低生产率，这样才能陪伴他真正一生一直都在努力供养的亲人。

降低生产率听起来违反常规，这是我们选择有意识地生活的方式之一。如此一来，渊心爸爸必须智慧地分辨事和物：它的轻、重、缓、急。抛弃那些看起来好像大有回报，有价值，但并不重要的事物，包括我们的工作，这些事物反而会占用你与亲人最宝贵的时间。

优先考虑寿命

我之前已和你分享我的父亲骑车健身的故事，这是对寿命进行投资的绝好例子。如果中途停止，比赛就不可能胜利。当然，生命中有不可抗拒、难以预测的因素，例如战争、意外事故。然而，我认为应相信我们能活得长久，并为此制定我们的人生计划。

虽然这对于年轻家庭来说并不容易，我与妻子努力做到饮食健康、积极锻炼，并监控自己的压力水平和负担状况。我认识一些积极健身、饮食良好的人，可一旦他们难以遵循自己设定的严格规则，就会压力如山！他们的心灵与健康受到的重创将大于那些平时饮食没那么健康但身心压力较少的人。研究表明，压力是癌症和早逝的一大主因。压力影响我们心脏的工作；消极的思绪不但影响我们的心灵，也会向全身释放毒素，损害极大。这就涉及我想分享的下个话题。

活得有余地

十多年前，我、我的妻子和我的大女儿，在亚洲的一家大型企业公司工作，进行指导和培训。我们对这新奇的文化、新鲜的环境感到兴奋，所以加入了许多社会团体和社群，以扩大我们的视野，并更好地了解当地文化和思维上的细微差别，从而协助我更好地了解他们内心的动态，也会帮助我的女儿适应新的社会环境。由于这样的选择，我们的生活变得更加忙碌，给我们和孩子的情绪和生理上都加了许多不必要的压力，仿佛快要崩溃。

但偶然间，我读到一本书，改变了我们的生活。书名叫《余地》，作者理查德·斯文森曾是一名外科医生，过着中庸的生活，书中有诸多启发人心之处。

该书深刻论述了责任的观念，因我们生活的每一天所面临的多数问题和压力都与责任有关。在生活中，不能假设事情会自然达到所计划的标准，我们有责任为出错的可能性留出余地，建立安全的区域，尽量减少此类事件对我们完成计划的妨碍，这会减少我们生活的压力。例如，他谈起自己的孩子成年后学车，他为了不必忧心孩子撞坏好车，特意给了孩子一部旧车。书中还谈起他出差时，会特意早一天到达目的地，事情办完后，晚一天走。

一旦成为父亲，你马上就多了责任。对孩子、配偶、工作的责任。这是责任的三大来源。你得问自己：我还能担负多少？

假如你压力重重、精神紧张，你可能需要察看哪些负担过多过重，并进行调整。这样的调整让我们在生活、心灵和日程安排之中拥有喘息的空间，允许事情时不时出错，或为错误发生留有余地。活得有余地也让我们充分利用时间，在忙碌之余，和我们爱并尊重的人相处，共饮杯茗，这样会改善我们的生活观，也会对健康产生积极影响。我们的心灵就会在健康的空间里得到滋润和抚慰。

优先考虑家庭

为了将家庭置于首位，我与妻子做了许多调整，包括改变我们的工作方式、生活方式以及对非核心家庭责任的态度。假如家中发生变故、困难，我们确保自己能够首先顾家。我和妻子商定，在孩子五岁前她都在家做全职妈妈，这个决策有巨大的财务成本，但这个决策使得我们和孩子建立了更亲密和健康的关系，避免了周围很多父母因双双工作所面对的难题和压力。

我们有意识地将家庭置于首位，这意味着偶尔我们会遇上冲突，尤其是当自己的父母、好友或是客户对我们不满的时候，因为他们也需要我们的关注并给予时间。不过，我和妻子已经做了决定，将彼此和孩子视作我们生命中最重要的人，尤其是孩子发育成长的阶段。这就要涉及到接下来的一个重要话题：界限。

明确界限

因这个话题内容广泛又重要，本书之后还会详谈。在这里，我想强调一点：建立严格的界限，能够让我们更有能力承担自己生活的责任，而非为他人的生活负责。

举一个例子：大多数澳大利亚人住独立的房子，每个房子有后花园，可以在里面种树，与邻居的后院间有篱笆相隔。我发现邻居有个拖车，他经常把残枝废物等从后院清理走，而我没有拖车，又很忙，那我就"理所当然"地把我家的残枝废物扔过篱笆去，他"不忙"，可以"顺便"帮我清除。假如我对自己生活的界限没有清晰的认识，总是寻求别人的"帮助"，我可能会修剪完自己的树之后，不和邻居商量就把枝叶扔过篱笆去，期望邻居能帮我"清除"。我这样持续了一个月，邻居也没

对我说什么，他把我的树枝和他自己的一样处理，拉到当地的垃圾场倒掉，我会想："棒极了！邻居会帮我处理垃圾，我就省事了。"于是，下个月我照旧把树枝扔过篱笆，也扔了一辆废旧自行车，甚至还有一辆废弃的婴儿车。

六个月后的一个清晨，我看见妻子刚从车上下来，邻居满脸怒气地朝她恶语相向，还掷了块石头砸破了车窗。请问这件事到底该怪谁？

我和我的邻居都犯了错，然而归根结底，首先是邻居的界限意识不足。事情以愤怒收场，可谓不幸，但此类事件并不罕见，因有一些人总是在为别人的"垃圾"负上不应该担当的责任，也没有正面地应对和处理问题。我也没有看到自己没有界限，贪便宜，认为所有人都有义务为我办事。（声明：以上例子是虚构的！我和我的邻居从没发生过这样的事！）

另外一个常见的关于界限意识不足的例子是父母与子女的关系。很多家长总跟在孩子后面，为孩子错误的决定埋单，孩子一遇到小问题就出手帮忙，以便保持家庭和睦，减少困难。这对孩子和整个社会都有害。在另一方面，有些家长希望正在成长的年轻子女能让父母满意，期望年幼的孩子实现父母的梦想。这样的家长给孩子巨大的负担，而且从生理上讲，孩子的大脑神经还未发育至成人那样的水平。

我们之后会更深入讨论这个话题。有意识地生活就是现在开始策划与周围人建立起健康的界限。

让良人和良言环绕你

过去的十多年，我有意识地和渊心爸爸群体建立关系。这些渊心爸爸都是人生旅途中走在我前头的人，提供良言，鼓励我，促我反思旧的思路，他们也愿意倾听我诉说所面临的压力和挑战。刚开始，我得突破自己的羞耻感、不安感，学会主动与他们约定时间会面。很少有导师会主动指导你，一般都要你主动。我千辛万苦与他们建立了关系，例如我和一位渊心爸爸一起度过许多时光，构建彼此的关系，他现在是我的益友，在这几年期间，他给予我的建议和劝告是无价的。

如果无法面对面跟渊心爸爸沟通学习，我就用通信的办法，阅读了很多渊心爸爸们描述他们经历的书，并因而了解其思想，了解他们会如何应对艰难险阻。

我现在跟我的孩子培养了阅读的爱好，和他们分享学习时光，培养他们的情商，我也建议你和你的孩子一同培养这个爱好。（请不要让这成为你教训批评孩子的时间，而要把握时机与孩子共度高质量的时光，创造美好的回忆。）

我十分赞赏《箴言篇》中的一条建议："不接受建议的计划容易失败，广纳良言才能成功。"（《箴言篇 15:22》）

现在我意识到，虽然这些建议本质上是靠我们做出来的，却能使你的人生获益。让金玉良言环绕你，会影响你成为什么样的人，而不仅影响你做的事。比方说，为出错留有余地的生活方式也有如此的影响。这些认识都会让你审视自己的心灵和动机。

我希望本章最后能够给你启发，鼓励你做出勇敢的决策。你准备好了吗？

现实是：假如你没有自己的人生计划，你或许会成为别人计划的一部分。

以我为例：曾经有很多年，我以为我没权利制定人生计划，没能力有意识地生活。我发现自己被裹挟着，作为他人计划的一部分而存在，尽管其中一些计划是出于好意，但我活得很沮丧。请注意，制定和遵循自己的人生计划，不意味着我们必须自私自利，而是觉悟到这是我们实行自我管理的权责。

那么，要成为渊心爸爸的你会有意识地做些什么呢？

请花点时间反思。

可能你首先要做的，是有意识地让自己有意识。

第 4 章 重视你所受遗传的影响

Chapter 4

Value
Your
Heritage

几十年来，心理学家和人类学家一直纠结，先天与后天哪个更重要？心理学家和人类学家都想证明自己研究的结果是唯一正确的，而我认为先天和后天都重要。

　　先天是指人类是生理、情感和灵魂三者合一的生物。后天是指我们是受环境影响的生物，环境包括我们生长的家庭，父母，所置身的社会文化和地区。你和我或多或少都肖似自己的生身父母，因为我们的DNA携带并记录他们的内外特征。如果不是这样，你能想象会发生什么吗？地球上的每种生物的后代构造都是随机的，那么一切都会陷入混乱！

　　很多人未意识到，创造我们的基因库有多庞大。十代以前，我们的族谱上就大约会有一千人。你算算就知道。从你本身开始算起，你算1个，你父母2个，父母各自的父母加起来是4个，再往上是8个。

接着再翻倍，不断翻倍。8 到 16、32、64、128、256、512、1024。这可是惊人的数字！

所以，只要回顾几百年，就能发现你的基因构成中包含了几千人。这样想一想族谱中这些与你有关系的人，是否能带给你新式的想法。以我为例：我天生热爱旅行、新式产品、欧洲美食和欧式汽车，其中一个原因是我知道家族的脉络追溯起来跨越了西欧，上至维京人。我发现我的家人也都有同样的倾向和爱好。为什么呢？我想这就是因为先天基因里保存的倾向，配合上我后天选择的爱好范围。

为什么这些发现对渊心爸爸十分重要？因为懂得来龙去脉的奇妙时，渊心爸爸就知道如何取舍家族遗传下来的倾向、思路和习惯。允许我解释一下：

我的家族基因中有使我养成不良习惯的倾向。在前一章我提到了我爸爸吸烟，我认为他吸烟成瘾不是偶然，因我的祖父母和曾祖父曾祖母都吸烟。我肯定地知道当我继续追溯上几代，也会发现大同小异的状况。我青年时代就开始吸烟了，我的弟弟也很自然地选择吸烟。后来我决定在我这一代戒烟，不继承祖辈负面的倾向，停止将这个耗财耗命的恶习传给我的孩子和孙子。

例子二：我的妻子对吸烟从不感兴趣。为什么？因为她家族里无人吸烟，但有其他的负面倾向，如酗酒。无论哪一个家族所遗传下的

负面倾向，都会成为其后代必须面对的挑战。

当孩子还在父母的屋檐下时，渊心爸爸都不希望自己的孩子在耳濡目染下不知不觉地养成某种恶习。既然我们无法改变孩子们的基因构成，就要选择在孩子未成熟之前，将不利的因素从他们的生活和环境中去除，从家庭中净化掉。当孩子们长大后，他们可以持续做出正面的选择，继续改善家族的负面倾向。

渊心爸爸也要尽己所能鼓励家族中的正面倾向。以我的家族为例：每一代人都喜爱音乐，有音乐天赋。而在我这一代，我把家族的音乐天赋发扬光大了，我能唱歌、作曲、弹吉他和带乐团。我爸是个天生的自行车手，我也是，我的孩子们也都喜爱骑自行车，爱运动和体操。我的孩子们自幼有艺术细胞和创造力，能歌善舞，这是来源于我妻子家族的天赋。渊心爸爸赞美并热爱家族中的健康倾向，并且重视把这些传递给我们的下一代，让孩子们知晓他们的基因来源并以之为傲。

就我个人来说，我希望有朝一日能带孩子们回老家——荷兰，让他们亲眼看到和学会赞美祖辈的基因来源。因为寻访自己祖先的家乡对我们和下一代很重要。寻根，寻找一丝丝的连接，深刻地了解祖辈的基因来源，是为了更加了解自己现在的状况和位置，以助我们赞美与改善家族的倾向，造福后裔。

科学家已经发现，各种倾向都需要外界的触发和启动。请允许我举一个有代表性的遗传学例子。有一些人天生基因里就有一种精神病的倾向：他们麻木不仁地生活着，不能与他人相处共情，毫不在意他人的感受和痛苦。当他们折磨与伤害他人，甚至导致他人死亡时，他们的大脑有一种天生的倾向，就是抗拒理解自己在做什么，同时他们的大脑也不会记录他们所做的不仁不道的事。这种精神病的倾向是非常危险的。

这一个例子表现了遗传学的结构：我们DNA倾向的"开关"，可以在不同的外界和环境影响下开启或关闭。科学表明，虽然一个小男孩的基因里有这种精神病倾向，但假如这小男孩成长在一个宽容、温暖、安全、有爱的家庭，比起在一个怒火纷飞、不安全、缺乏温情的家庭，他成为一个残酷不仁的精神变态的可能性会大大降低。现在我们更加注意到的一点，就是一个孩子的遗传倾向可以被外部因素改变，因为一个宽容、温暖、安全和有爱的家庭会培养出一个健康的孩子。

我多年引导、协助来自四面八方、五湖四海的领导阶层时，发现在百分之九十以上的案例中，他们的内心情感与他们成长的环境背景以及家人的关系是密切相关的。当我们理解了这些后天的运作机制，我们就能更有效地扬弃利弊。

我在这里先做个温馨提醒：当你开始认识到父母对孩子有巨大的影响力时，你可能会感觉到不必要的压力或羞愧。本书并不是来责备你或者提倡你成为完美的父母，教出完美的孩子。我的建议是在阅读后续章节的同时，请冷静客观地思考自己成长过程中的生活是怎么样的，然后再评估自己以前养育孩子的方法。我们必须在前瞻的同时后顾，必须看到是什么使我们走到今天，这样我们才能选择改变自己，才能做出积极的决策，找出新方式和思路，成为卓越的渊心爸爸，正向地影响我们的孩子和家人的生活。

在最后，我们来探讨哪几种关系会影响和塑造人与人之间的关键机制，其核心是以下三种关系：

● 我们与母亲的关系
● 我们与父亲的关系
● 我们父母之间的关系

我们与母亲的关系

母亲在我们每一个人的心中都是伟大的，我与你们有共鸣。但尽管我敬畏我自己的母亲，我仍然要分享确凿的事实——我们的母亲并不完美。我写这本书目的是要与你解开大众很少甚至都难以公开讨论的话题。假如我们不愿意诚实地正视这一事实，即母亲的一些抚养方式是不健全的，且不愿意反思母亲在哪些方面辜负了孩子，那么我们就无法成为渊心爸爸。我们的祖辈根据他们所知道的智慧和知识来培育下一代，在那个年代里，他们已经给予孩子最好的了。但我们要跟着时代的转变和需求，吸取新的知识来培育我们的下一代。家庭学与行为科学家发布的研究结果，以及本人的经历和所有我曾经指导的案例，证明了书里的话题确实都值得我们学习和探讨。我把这些丰富的智慧资源和新的知识收集给你们作为参考。

我知道开篇说这样的话有些唐突、有挑战性。我并不提倡责怪父母，但是我们必须看到父母在哪一方面做了不健全的选择，从而我们可以避免把这些不健全的倾向从我们这一代传下去，因我们都要完成承前启后的使命。

那让我们看看健全的母亲角色是什么样的，尤其是母亲与孩子的特殊而神秘的关系。母婴关系主要是在婴孩刚出生的一年内培养出来的。在此期间，婴孩依靠母亲获得哺乳和照顾。另一种看待此事的方式是注意到婴孩对母亲的依赖事关存亡。大脑中先天植入的知识告诉婴孩：假如妈妈不提供乳汁，我就完了。这是婴孩离开子宫后，第一次感受到深入骨髓的痛苦和恐惧。如果母婴关系健全，双方都享受给予生命和接纳生命的过程，那么婴孩离开子宫后感受到的痛苦和恐惧就会逐渐消失。婴儿在母亲的怀抱里感受到很安全、安逸，与母亲肌肤相亲，双眼相望，两心相连。母亲喜悦给予，婴儿欢喜接纳。这个生理过程称为健全依恋。

在这第一个阶段，孩子在四岁前需要与母亲建立起健康牢固的依恋。早在孩子习得说话、走路、思考认知等其他技能之前，就首先学会接受哺育，而且不思考回报（这是健全的动态）。在这个阶段，孩童的心灵、大脑和神经系统在平和中达到平衡和稳定。孩子在第一个阶段健康发育后，才能健全地继续进入第二个阶段：孩子开始愿意探索母亲怀抱以外的环境，并学习与其他人建立安全的新关系。

另一方面，如果母亲与孩子的依恋不是建立在爱和安全上，而是建立在伤痛与恐惧上，那这种负面的依恋被称为纽带。比如说，父亲长期不在家或是单亲家庭，有些母亲把心灵里的包袱寄托在孩子身上，而孩子不应该承担父亲缺席的职责，来弥补母亲的心灵空缺，让母亲感受到满足、安慰和充实。无论是依恋还是纽带，这是母亲与孩子特殊的关系，在孩子长大成人后，仍旧大大影响孩子与他人的关系。多年研究证明，许多成年人有与焦虑、压抑和惧怕相关的心理问题，都是在这一个生理阶段形成的，他们没有与母亲建立健康牢固的依恋，只是建立了纽带。还有一个现象是在西方过去三十年的社会里，因为父亲缺席，母亲过早回到岗位，父母无暇顾及孩子，婴孩在发育的第一个阶段里没有及时与母亲建立起健康牢固的依恋，导致许多孩子养成不健康的性癖好。很多行为科学家的研究结果认为，这是现代男性迷恋女性的乳房、沉迷色情问题增长的根源之一。

我就以自己的经验为例（例子背景，请读"婚姻改变未来"章节）：结婚初期，我发现我与母亲的纽带深刻地破坏着我与妻子建立亲密关系的能力。我非常感激良友与人生导师在那时候给我建议和协助，带我走过一段治愈的过程，与母亲的关系有了健康的界限。这样我与妻子的关系健全，加强，也更亲密了。现在我和母亲的关系更加健康，我们相互尊重和理解；她还发现过去的执着让她自己的孩子受到不必要的苦，因为母亲也是承袭自上一代。母亲学习到新的思路，也做了选择，与孙儿们建立起健康的关系。

怎样净化和重建健全的关系呢？就是要选择"切断"与母亲不健康的纽带。

我得补充一句，切断与母亲之间的纽带进而独立的过程非常困难、痛苦，甚至会让母亲怀疑我们是否对她不敬或在伤害她。当我选择切断这纽带时，这纽带在我生命中的影响比我想象得更糟糕。这纽带操纵我的思维、心态，导致我有很多错误的观念和扭曲的想法。为了与母亲重建起健康的母子关系，成为渊心爸爸，为了能与妻子、女儿和其他女性健康相处，我必须下定决心，切断一系列与母亲不健全的感情和精神上的纽带。我向你确证，这样的选择会让双方享受到双赢的效果。

因此，渊心爸爸要不断地探寻与了解自己的心灵状态是如何形成的。

在探寻过程中，渊心爸爸明白了自己和母亲的关系至关重要，也知晓敬爱母亲的方式包括能够与其健康分离，构建健康的界限，这样才能左右兼顾，形成对自己现今生活的真实看法。

渊心爸爸知晓一个年轻男性的角色不是抚养母亲，不是代替父亲，也不是成为母亲的全世界。

渊心爸爸知晓母亲不是完美的人，但自己也是不完美的，所以应该给母亲无条件但界限明确的爱。

我们与父亲的关系

父亲与母亲在孩子生命中都同等重要，但在养育孩子的过程中承担不同的职责：

● 母亲的职责是通过爱和哺育，将平和与平衡带给孩子。
● 父亲的职责是培养孩子健康的自我意识，使其拥有健全独立的身份感，把孩子带入成人的世界。没有人能取代父亲塑造孩子的性格与人格，并将孩子引向光明前程。

孩子与父亲的健康依恋在生命的头四年非常重要，在孩子十岁以后更加重要。

我并不是提议父亲在孩子生命的头十年故意缺席，将所有哺育子女的责任全交予母亲。我想要所有的渊心爸爸知晓，孩子与父亲建立依恋，需要父亲的帮助和鼓励，使孩子健康地进入少年、青年与成年时期的各阶段。很多父亲却在孩子这个人生阶段常常缺席，或是未曾意识到他们在孩子生活中重要的角色。这时，孩子的大脑已高度发展，已经受到了一定程度的教育，在认知和意识上更清晰，有深刻的记忆，知道自己和父亲的关系是什么样的。童年后期及少年早期的清晰与深刻的记忆，在成年时期形成。因此许多成年男女对自己父亲的缺点认识得更多，比母亲的更易表述和总结，因此他们会更多地责怪甚至讨厌父亲。

要成为健全的男性，儿子必须和父亲一同度过高质量的时光，在父亲的榜样下成长。母亲的职责是为孩子提供一个平和与平稳的地基，让孩子养成强健、有爱与诚实的人格，父亲要在这个基础上更上一层楼，继续塑造男孩健全和独立的品格。父亲应带给儿子心灵上的自信、认可和尊重。假如父亲在这个阶段缺席，男孩子在形成健全和独立的品格的过程中就会面对很大的挑战，就难以成为健全的男性，难以达到他们独特的人生目标和生活意义。如今世界各地很多男性的心理基础和结构都不稳定，总是感到摇摇欲坠、心中不安。

同等的，母亲的职责也是为女孩子提供一个平和与平稳的地基，让孩子形成强健、有爱与诚实的人格，而父亲要在这个基础上更上一层楼，继续塑造女孩健全和独立的品格。如果父亲带给女儿心灵上一种被珍惜、欣赏和珍视的宠爱，那她成长过程中和成人后，就会对她的容貌与身体发育有着积极影响，因为她的父亲已经认可了她了。她不需要另找一个男人来"承认"她。假如父亲在这个阶段缺席，她就难以成为健全的女性，也难以达到她独特的人生目标和生活意义。对女孩子来说还有一点，将来她找健全的对象时，可能会面对很大的挑战和负面的影响。如今世界各地很多女性的心理基础和结构都不稳定，觉得自己什么都不够完美。

父亲带给孩子心灵上的肯定应该是：你的存在本身已让我很满足，我为你感到自豪。

让我与你分享我成长的经历：我十三岁时开始参与家族事务的经营。每个周末都像一个学童，跟在父亲身边工作学习。我非常珍惜和感激有这段与父亲相处的高质量的时光，因为这段时光塑造了我独立、能从不同的角度看事物、不怕条条框框、敢于冒险创新的品格，使我拥有自信面对各种挑战，这是我从别处无法获得的。也在这个成长阶段，我尝到世界上最好吃的美食——中国菜，从而培养了我对中国文化和中国人的热爱。

每个人的生活与经历不尽相同，但如果你有孩子，尤其是男孩，我建议你考虑一下，是否可以计划将孩子纳入自己工作生活的某一部分，腾出空间让孩子与你有高质量的相处时光。这会让你跟孩子有良机培养更亲密的关系，也会让他对事对物有新观点。

渊心爸爸知晓自己与父亲的关系是至关重要的。

渊心爸爸知晓自己与孩子的关系是多方面的，也涉及许多层面，有诸多益处。

渊心爸爸知晓父亲和母亲在孩子生命中是没有任何人能取代的重要角色。

渊心爸爸知晓做父亲是值得骄傲的，也是巨大的责任。

父母之间的关系

　　成长过程中的第三个最重要的关系是：父母之间的关系。父母如何互相对待、如何相互评价，对孩子有深远影响。

　　也许你母亲批评你父亲，常常贬低他，并在你年幼时和你聊了不该聊的事情；或许你父亲批评你母亲，常常贬低她，并在你年幼时和你分享了不该分享的事情。在年幼的阶段，孩子无力也不应该承担处理父母之间情感纠纷的责任。孩子无力也不应该做父亲和母亲的"和事佬"或对父母的情感纠纷做出评判。

　　举个例子，我和妻子约定决不向孩子谈论我们的婚姻或消极方面的事。假如我和妻子之间出现冲突，我们不会将孩子牵扯进来。任何问题都由我们成人去承担和解决。

　　我稍后将再次谈论婚姻，不过你可以想想自己父母的关系如何。如果他们之间有尊敬、爱、喜悦、和谐，那基本上意味着你会在自己的婚姻中寻求同样的情感。为什么？因为我们通常会成为自己所目睹的样子。

　　假如成长的家庭中，父亲将全部的精力和感情都倾注在家庭外，忽略妻子、孩子，你能体会这对母亲和孩子有多大的伤害吗？

假如成长的家庭里，母亲将一腔感情全部倾注在孩子身上，忽略丈夫，那你能领会这对父亲和孩子有多大的伤害吗？

数据表明，经历父母离异的孩子，成人之后的婚姻有更大概率离婚。在一个父母彼此批评，不和睦的家庭中长大的孩子，不但经历了痛苦和悲伤，还会把父母之间的关系机制和问题解决风格当作他们的"榜样"，使他们以为这样的状况在婚姻中是正常的、可接受的、意料之中的。因此，除非孩子能够挺身而出，看清错误的本质，治愈自己的心灵并纠正思维，否则同样的错误必会一遍遍重犯。

最后，我想请你回答一些反思性的问题，这些问题关系到你被抚育和你成长的经历。这些问题并且有助于阐明你当前生活中所面临的问题，以及你所取得的成就。

● 你是否愿意拥有与你父母同样的婚姻？
● 紧接着上个问题，请解释你为什么崇尚或为什么不欣赏他们的婚姻。
● 你对妈妈有什么纽带、依恋，对她有多深的"忠诚"？
● 假如你结了婚，你生命中哪个女人更重要：妻子还是妈妈？
● 你爸爸是否积极地鼓励和塑造你，帮助你形成明确的自我意识？

驾驭人生的航船

Chapter 5

Navigating
Your
Journey

在前几章，我们已经讨论了知晓祖辈的来源和回顾祖辈的历史这两个话题的重要性。重要的是我们必须明白，回顾过去不代表后悔和埋怨，也不是懦弱，更非浪费时间。回顾过去有益于解答和了解我们是如何走到了眼前的境况；回顾祖辈的经历等于找到了人生的指南和扶助的机制，使我们不偏航。同时，也必须坦率看待我们当前的处境。

　　渊心爸爸了解自己的处境，能坦然大方地承认自己还未达到卓越境界并成为渊心爸爸。他们不害怕承认和面对自己的错误，敢于承担责任，承认一些错误无可挽回。同时他们也为自己的成功，为艰苦付出得到回报而鼓舞。渊心爸爸就像掌舵的船长，能在各个阶段监控所处的境地，做出正确的决策，确保沿着人生的航线制定一条准确的航道，尽量降低损失的风险。

　　渊心爸爸想掌握所处的境地，就需要严肃思考、真实评估、体谅他人、考虑自己的选择和回应。这也是为什么我在每一章都向读者提问的原因。另一个原因是，我们需要尽力避免进入以下三个误区，否则就难以享受健全的生活：

● 否认
● 假想 / 幻想
● 不切实际的期待

这三者会剥夺我们的精力，使我们的生活失去和谐，偏离轨道，甚至罹难。让我一一解释这些误区。

否认

否认像一把双刃剑。否认有短期的益处——能让我们暂时撇开痛苦或避免经历恐惧的事物，以解决紧急的事项，从而不让心灵完全破碎。但很多人将否认长期用作逃避现实的工具而并不面对和解决问题。

有一句俗语，"眼不见，心不烦"。换句话说，看不见，就不用思考，不用考虑问题的存在。例如，他们把家里一切物品扫进橱柜，屋子看起来整齐干净，而橱柜内一团乱，只是他们想眼不见，心不烦，不去处理这些杂物。于是他们将东西放在视线之外，内心似乎也习惯了相信那些东西不存在了。也许暂时在屋子里的杂物并无大碍（除非是类似宠物的活物），但一旦谈到往昔深藏于心的痛苦、耻辱之事，很多人

就生存在痛苦、悲伤的密密麻麻的杂草密林堆里。

　　实例：一位朋友曾谈起她的几个朋友在美国买了一栋翻修过的漂亮房子，带有一个大后院。装修的工匠换了新的配件，刷了新漆，甚至拆了后院的旧游泳池。几人十分满意，但迁入后半年，有一天，房主发现后院地面露出了一个车轮。他们不确定该怎么办，刚好要度假，于是他们出门了。三周后回来，修草坪时又发现地面露出了其他东西，例如破旧的塑料招牌、水壶碎片、漆罐盖。他们弄来一把铲子开始挖，发现地下有更多垃圾。继续往下，触到一个顶篷，最后发现是辆大篷车。

　　他们联系了卖这房子给他们的地产中介。中介和一些地方督察员来看了看后院，发现翻修房子的工匠把所有装修垃圾都扔到了他当时工作时住的大篷车里，又把装满垃圾的大篷车埋进了原本游泳池所在的大坑里，再把土和草覆盖上去。当局做了土壤测试，发现油漆罐和油漆之类的垃圾污染了地下水，给周围使用地下水灌溉庄稼的邻居和农民造成了灾害。灾害不小，老工匠被罚了款，地方督察官也下了指令，让他必须在几日期限内清理掉掩埋的垃圾并更换所有土壤。老工匠损失的钱比他在卖房、装修上所赚的还多，付出了昂贵的代价。

我喜欢用这个实例，因它展现了否认的"真面目"，它会给我们和我们周围的人带来极大的负面影响，并且这是我们经常意识不到的影响。假如你觉得自己可以把事情掩埋、隐藏，不理睬它，短时间内"眼不见，心不烦"，但最终一切会浮出水面。否认过去，掩藏已经发生之事，对我们自己、家人和周围的人都毫无益处。越是拒绝过去，越会伤己伤人。

不能坦诚对待过去，长时间将事情压于心底，我们就不能真正知道自己所处的境地，无法真正参与健全生命的构建，无法和他人真实相处，也难以达到成为渊心爸爸的目标。

幻想

否认使我们没有能力面对和把握过去，而幻想则影响我们当前的现实生活。同样，幻想也是双刃剑，这是我们生来就有的天赋和能力，但很可能失控，尤其是当我们用幻想描绘出不符合当前处境的虚假现实时。幻想可大可小，取决于你对于过去的态度和你的应对机制。

此时此刻的幻想本身就以谎言的形式呈现。我们本就不可能客观真实地描绘出自己和周围的世界，而幻想者生活在一个梦游的状态。最极端的情况下，幻想是心理疾病产生的迷幻错觉。一些人在离经叛道的自信里行之太远，以致自诩超人，一跃而下高楼。

但是大多数人的幻想表现为：我们高估或低估了自己。我们不只会幻想自己是超人，也可能幻想自己是一无是处的虫豸。换句话说，我们不可沉醉在不切实际的假象中。

我们是怎么陷入无益身心的幻想中的？大部分原因在于我们成长过程中没有与他人建立起健康的关系，而是经历了创伤性的体验。想象力已成为孩子童年时释放他们难以忍受痛苦的唯一出路，成为他们的避难所。

其实想象力是人类拥有的一个作用强大而效果积极的能力。若孩子生活在一个安全的环境中，丰富的想象力可以培育他们探索的乐趣、创造力和学习的积极性。比如很多孩子玩乐高，一玩就是几个小时，把乐高积木变成城堡、飞机、警察或消防员。这是创造力和学习能力的绝妙体现，意义非凡，我非常鼓励孩子有这种创新的能力。

你也知道，我们的核心价值观之一就是成为一个让人有安全感的

渊心爸爸。研究表明，如果家庭没有足够的安全感，儿童寻求庇护和安全的第一大选择就是幻想。在暴力不安、反复无常、动荡不稳、尴尬难堪的家庭中长大的孩子倾向于编造故事，向自己和他人讲述理想生活的模样，并在其中扮演不同的角色。

比如一个十岁的女孩在学校操场上，其他同学注意到她鞋带断了，裙子上残留着前一天的剩菜汤。她朋友问："你衣服怎么脏了？鞋带怎么系不牢？"实际上，昨晚她回到家，妈妈在电脑前赌博，酒已喝到了第三杯。爸爸那天又没回家，因为工作到很晚。而且夫妻俩也总是打架。妈妈把前一天的剩饭加热了一下，然后就扔给女儿，汤汁洒在她的校裙上。妈妈除此之外再没离开过电脑。等女孩做完作业，妈妈已喝完了整瓶酒，趴在电脑桌上醉倒了。

但现在女孩不打算和朋友坦白，于是编了这个"故事"。她说妈妈是位商业女性，责任重大，领导让她加班到很晚，而她爸爸在另一座城市出差。她告诉朋友们，自己的祖母上了年纪，做家务越来越费劲，所以打翻了菜汤，汤汁就洒在她的校裙上。还有，爸爸正准备从另一个省替她买双时髦的鞋回来。故事合情合理，自从爸爸妈妈开始打架，三年来她一直幻想和编织着这个故事。

随着她的成长，幻想也在继续。生活真相太令人痛苦，她成了靠空想而活的高手，创造出虚假现实，麻痹她疼痛的神经。现在她二十多岁，上完了大学，在一家公司上班。她没有积蓄，甚至偷妈妈的钱来买衣服、买鞋，为了让自己看起来生活美满。同事有时会问起她办公室之外的生活，她就描绘出一幅美好的图景。但一回到家，她就凄惨不已。她努力在社交工具上营造出一种生活完美的景象，但实际上她的心灵已破碎，她不知道自己是谁，因为她早已和现实脱节，不知道自己在哪里。幻想和对假象的竭力维持一起夺走了她的一切。有一天幻想会轰然崩塌，而那时她会面临两个选择：再次捡起破碎的心灵碎片，编织新的假象；或者重新开始，面对现实。

虽然我用一个女主人公的故事描述了这个图景，男性读者可能以第三者的视角看待这个故事，但是其中的元素都可以转移到我们男性身上。与否认一样，过度幻想是一个陷阱。逃离陷阱和治愈的过程会经历艰难痛苦，但长痛不如短痛。让我们邀请和允许伴侣、挚友或是人生辅导师进入我们的生命，治愈我们的心灵，协助我们走出这个陷阱。只要我们离开幻想的假象，用改变带来契机，生活就会更精彩。若我们不扯下面具，他人很难接纳和爱这个因幻想而虚假的你。

〰〰〰〰〰〰〰〰

"跌倒了，从跌倒中站起来。二者都是上帝的恩典！"（注：朱列安先生，英格兰，诺里奇市，1342—1416 年。）

〰〰〰〰〰〰〰〰

不切实际的期待

不切实际的期待会偷走你的未来。有这样期待的人通常也对别人有不切实际的期待。这可能是潜意识的，但绝对是个普遍的问题。继续用船长的比喻：有不切实际期待的船长会告诉船员，他们可以连续五天以正常船速四倍的速度驶过危险水域，巧妙地避开恶劣天气，而到达地图上从没有标注的那个偏僻岛屿，找到埋藏的宝藏。听起来似乎是天方夜谭，但这就是由怀揣不切实际期待的人行驶未来之船的方式。

他们不仅用这种标准看待自己，而且同时认为周围人也应该达到他这样的要求。此外，因为人生中总有爬不完的山，打不完的仗，满足不完的不切实际的期待，因这样的选择方式，享受生活的力量被剥夺了，无法拥有和谐舒畅的生活。他们也很难，不，应该说是不可能感到圆满。

那，这种"病态"从何而来呢？

这其中有多方面的因素，没有唯一的答案，但有一些常见的情节会导致人选择活在不切实际的期待中。和我们谈过的两个误区类似，这个问题通常源于原生家庭的功能失调。贫穷或富裕家庭出身的成人身上都会出现这样的现象。有几个普遍的特点我想和大家分享一下。同样的，仅仅是希望提出指导和建议，而非谴责或诡辩。

首先，假如成长的家庭环境对孩子的表现有过高的要求，对优秀成绩的重视超过努力获得的成就，孩子就会成长在一个基于追求成绩的体系中，总是在成功的驱动下奋斗拿"好成绩"。在这样的家庭中，孩子就难以建立起自信，不但觉得自己做的事都不"足够"，更会自认为自己就是"不够好"。这种想要变好、变聪明、变能干的欲望，使许多人过着不如意和失望的生活，甚至厌烦自己，困于对自己和家人不切实际的期待。

其次，如果幻想和否认带领我们远离现实，我们可能发展出一种思维模式，就是习惯性地产生不切实际的期待。可能在你生命中一直没能有一位父亲或母亲的角色，通过爱来纠正你的幻梦。在少数情况下，孩子会拼命痴迷地效仿某个人物（例如明星、卡通英雄），那么他的人生可能走上另一条道路，成为他崇拜的那位运动员、歌唱家、明星演员、政治家或是富豪的样子。但是，很多情况下，这种梦想完全不现实，只是为了逃离他们的现状，最终的结果就是失望、心力交瘁，有时还会导致抑郁，甚至寻死。

举个例子，你如果见过国际篮球明星，你应该会注意到无论男女球员都挺拔强健。上海球员姚明，曾经是美国顶级篮球团队休斯敦火箭队的球员，现已从美国 NBA 退役。他身高超过两米一。我敢说，如果他的身高只有一米五，他不可能拥有这样的职业生涯。NBA 历史上最矮的男球员都有一米七。但是全世界有无数人的身高不到一米七，却希望自己或自己的儿子能像姚明那样开创自己的篮球职业生涯。

这是个有代表性的例子，看起来可能有点愚蠢（我并非有意羞辱任何人），但假如对自己和对家人、孩子有不切实际的期待，我们却不审、不质疑这样的想法，就会导致自己和孩子经历失败和破碎的梦。

总结

因此，作为一位渊心爸爸，卓越品格很重要，必须坦诚地看待自己的现状，并从亲近的人或人生导师那里获取反馈。以我为例，我脸上有个东西，叫鼻子。它很棒，可以闻到几米外的咖啡香和花香。我脸上还有个洞，离我绝妙的鼻子一厘米多，这个洞是我的嘴。但是我就是闻不到自己有口气，我需要别人的反馈。我的妻子给予了我坦诚的意见，指出我有口气，虽然我不这么认为，但我努力放下自己的骄傲，听取她的建议。她说得对！我怎么就闻不到自己的口气呢！我的鼻子离嘴这么近！这就是为什么反馈如此重要。渊心爸爸重视他人的反馈，尤其是那些关心和在乎我们的人。有一个误区就是认为我们可以依赖自己内心"百分之百"的感觉收获正确判断，但事实并非如此。总的来说，我们应积极接受反馈，坦诚面对自己，悦纳健康而现实的思路。我建议找一个心理健康方面的专业人员，一位顾问或是人生导师，帮你走出虚幻、幻想、否认和满怀着不切实际期待的误区。你走向健全的未来就取决于此！

明确界限

Chapter 6

Understanding
Boundaries

多年前，朋友全家人搬到了一个新开发区，我听朋友谈起孩子上的学校。那是一所小学，在澳大利亚被称为"初级学校"。当时，全校仅200名学生，只有一些临时建筑凑合当作教室。

　　一开始，家长、老师担心学校周围没有围墙，没有门，没有标识，有的只是一个模糊的概念，楼房所在土地和周围的绿地就属于学校。但没人知道从哪儿到哪儿是学校，哪儿不是。孩子们尤其困惑。

　　大部分家长和老师们担心的是，在午餐和课后时间，孩子们可能走到离教学楼较远的不安全地带或林地。但奇怪的是，孩子们都在教学楼附近活动，不去绿地，不去树林，不去马路。为什么？因为那儿不安全。他们想去草原绿地玩吗？想。老师们说了可以去绿地玩吗？说了。但孩子们极少去绿地。

几个月后，资金筹到了，学校地界周围建了围墙。你猜怎么着？孩子们都是能跑多远就跑多远。他们在围墙边上玩，尽可能利用学校的每一寸土地。为什么？因为他们知道界限在哪儿。

很奇妙，对吗？我们以为围栏和明确标识的界限可能使人感觉受限，不自由自在。但是，事实上，界限带来益处，让我们知道自由的限度在哪儿，活得平静，可以在界限内计划谋事。

从个人角度看，人人都要有界限，有限度，有可接受的事，有不能容忍的事。若有盗贼潜入你的房子，偷了你的电脑、手机，想必你会怒不可遏。许多遭遇抢劫者表示感觉受到了侵害，自己的私人空间被陌生人玷污。我记得有一次度假后回家，发现家中被盗。窃贼拿走的东西，可以通过保险偿还，但家受侵犯的感觉却不易缓解。因有人未经许可，进入了我们的领域。

渊心爸爸要知道自己的界限，也尊重周围人的空间。

我们都有自己的界限，有可以接受和不能容忍的事。举一个澳大利亚文化习俗里的例子：男性朋友和我打招呼时可以稍微拥抱，但不宜过久，除非事出有因。如果哪个朋友抱着我不放，他就逾越了我私人空间的界限。我也认识一些不和他人拥抱的澳大利亚人，他们会释放出一种气场，或是明确说明自己不喜欢与他人拥抱。其他人应尊重这样私人空间的界限。

除了私人空间以外，还有其他例子。有一些问题由于稀松平常而被人忽略，但有些行为虽然常见、普遍，却并不意味着一定正确、有益。假如遇到某些事让你心里咯噔一下，我建议你认真思考，不要不理睬这个感觉，并在生活中做出转变。

先讲一个严肃的例子：工作生活和家庭生活。随着科学技术的发展，在数字通讯领域越来越难建立和坚守界限，由于工作需要，在家里也得接听电话、查收讯息和邮件。社会学家将手机称为"数码的牵绳，数据的鸦片"，这里的"牵绳"指的是勒着脖子的带子。大多人的生活的确如此。我们变得十分依赖数字设备。我们知道有的消息是需要即时回复的。这在许多国家已成严重的病态。事实上，工作生产率正在上升，但家庭关系却付出了巨大代价。而我们知道，家庭结构一旦崩塌，整个社会都会处在风险中。

渊心爸爸有这样一个价值观，就是能看清核心问题，能分辨紧急事情和重要事情之间的差别。大多数的来电、邮件、讯息等都是可以稍后回复的。这些事对那些想要联系你的人来说很紧急，但不意味着对你来说也紧急。我们很多人都养成了先处理"急事"、后处理重要事情的习惯。结果，最重要的事情到了紧急危急的阶段，一切变得不堪重负。优秀的企业家都懂得这一点。我相信很多读者也明白，假如你只关注事业上紧急的事情，问题永远解决不完。但如果你尝试努力解决重要的事，那么事业就会蒸蒸日上。家庭生活也同样能从中获益。

男人一个很重要的责任是顾家。妻子、孩子、亲戚和客人都需要我们重视并分配给时间。我建议你在家中建立一个氛围文化，就是能够首先照看生命中最重要的事情：你的家庭。选择把手机调成静音，放到一旁，不要查收邮件。你清晨和夜晚在家时，把这些东西统统搁置，保证你身心都在家。多做那些家里需要做的事，比如帮忙做菜，打扫卫生，指导孩子做作业，带动孩子做家务。那些是你愿意奉献一生之爱的人，请全身心陪伴他们，回应他们，跟他们分享这宝贵的时光。

我真心乐意做的一件事就是每个晚上送孩子们上床睡觉。我会亲亲孩子们的小脸，告诉孩子们我爱他们。这个时候谁想找我都得等着，我不在意是老板还是女王。他们可以发短信，我会之后再回电。这个时刻对我来说神圣而特殊。晚餐时光也是如此。我们选择全家人一起吃饭，聊一聊一天发生了什么，听听孩子们觉得有趣的事情。这是美好而珍贵的时刻，这是我人生最重视的"投资"。

说实话，这可能意味着你需要让员工、客户和周围的人知道，在某些时段，例如晚六点到八点间，你不能回复与工作相关的事项。等忙完家里的重要事情，你就可以回复电话和信息。我惊讶地发现许多人都尊重我设立的界限，他们也选择自己解决紧急的事情。我不需要解决全世界的问题，这感觉棒极了！

在设立界限和回复他人时，尤其是对客户和上司，很多人在这方面有一个错误的观念。以为设定某些界限和有这样的价值观，会降低我们的价值，或是不给面子，怕他们会认为我们有多大的架子；以为如果我们只能在特定时间回复他人的信息，我们就不那么有价值了。事实恰恰相反。有明确界限的人，他人会更加主动联系你，更加珍视你的回应。为什么？因为你明确表示自己高质量的贡献是有限量和值得珍惜的，而且供应关系法则抬高了你的价值。

我决定限定自己提供指导服务的客户数——只给领导阶层提供咨询服务。这意味着，当我在研讨会上和人相遇，或是有人询问我是否有时间，能否提供服务时，我会问对方："请问你在工作岗位上是担任什么位置？"假如对方不是领导阶层，我会道歉，说我没有时间和资源帮助对方，并提供另一位对口专家的姓名和电话给他们。我有时被邀请去做大型演讲，或是给一些组织提供培训，但如果对方不符合我设定的范围，同样地，我也会婉言拒绝，并推荐其他人。

奇妙的事发生了。慢慢圈儿里的人都知道和尊重我设定的范围，我只为特定人群提供人生辅导、培训和治愈的服务。我的工作效率和质量更高了，报酬也提高了，我能够产生的影响力也更广了，因为给组织和政府的领导们提供人生辅导、培训和治愈的服务，产生了流动效应，能惠及成千上万人。我帮一个人等于帮到一组人。因为健康的领导人能在他的家庭、岗位和社会上建立渊心文化。

所以别怕设立界限，这不是懦弱的表现，而正是强大的象征。让别人看到你重视家庭，也潜移默化地促使你周围的人设立界限，这更是一大助益。

关于工作上的界限这个话题，让我给你更多的建议，以帮你建立合适的界限。

1. 牢记你的核心价值观

渊心爸爸的核心价值观是有爱、诚实和有安全感。假如有人向你提出不符合你内心价值观的要求时，你要勇敢地做出回应。例如，寻找其他的解决方法，或直接拒绝违背你的价值观的行为。你可能有其他价值观，例如在健康和社区志愿工作方面给予贡献和服务。同样，尊重这些价值观会帮助你构建一个明晰的界限体系，能为你带来长期的喜悦与平和。

2. 明确表达你的界限

正如我此前所说，你可能需要对你工作场所的人员明确表明哪些时间段联系你是不合适的。你可能也需要明确告诉他们，什么情况下算是真正的紧急状况、危机事件。例如，房屋着火是紧急事件，而该买新的拖把桶就不算。我的一个朋友周五不工作，那天是他的家庭日。他的短信便捷回复里有一条是："周五是我陪伴家人的日子，电话邮件一律不接收，烦请留言，或周一我上班时来电。"这个信息明确有力，在我看来他就是一位渊心爸爸。

3. 界限受侵犯时，维护界限

界限不清晰的人通常也会侵犯他人的界限。他们若是跨越了界限，需要有人立即指出。这时，你有必要让他们知道因他们侵犯了你明确设定的界限，惹你不愉快了。这种情况也是你体现"坦诚"这一核心价值的时机，勇敢地维护界限，为自己的界限"抗争"。假如对方不尊重你的界限，你还是要继续坚持维护你的界限，与这个人再次沟通，分享你的价值观。

我曾经遇到这种状况：一位亲戚没打招呼就来到我们家，还待了好几天。这人还对我们的生活习惯和爱好表现出了过界的兴趣。我们首先向亲戚们道歉，因为早前没有告知他们并不是随时想来就能来的。我们承认自己没有设立明确的界限，但接着就阐明了我们希望别人尊重我们的时间和家庭空间，这一点十分重要。我们还说明，亲戚上门，我们需要招待，需要花费宝贵的时间，受耽误的家中事务会影响我们的工作和对孩子的教育。我们请大家不要不打招呼就来，亲戚和其他人都一样，需要事先打电话，看时机是否合适，先得到我们的许可和邀请。因为我们需要守卫自己的界限，也为了给孩子树立好榜样。我们花了好些时间沟通，一次又一次地沟通，最后，亲戚们对我们的界限表示了理解，并且他们也放心地知道，我们也会在不打扰他们、不给他们添麻烦的情况下与他们维持关系。现在，我们和亲戚的关系前所未有得健康！

4. 提前做好界限可能被侵犯的准备

我希望已婚男性读者了解，设立界限时需要和妻子一起计划，详细讨论，达成一致。这不是单边的努力。请邀请你的妻子一起阅读这个章节，让她也思考这个话题，她会明白，设立界限能够缓解压力、加强家庭联系。你们可以一起讨论当别人逾越了界限时，应采取什么样的回应和行动。坐下来想象一下你们的反应，想一想假如你们俩其中一个接到了老板电话，让你在休息日工作，怎么办？假如这天原本是你们的家庭日，一切都计划得好好的；假如这天你儿子要参加运动会，原本该是你接送他，观看他比赛；假如你叔叔这天刚好进城，晚上着急要见你，但你知道他多半会喝个酩酊大醉，发酒疯，吵醒你那因生病而瞌睡的可怜女儿……这种情况下你们会怎么面对呢？

提前计划、设想此类情境会帮助你们有把握地设立界限，避免"临上轿才裹小脚"的狼狈状况，帮你更好地向他人明确你的界限，尤其是那些最可能受这些界限影响的人——你的家人。

请允许我再提个建议：当别人跨越你的界限时，请保持冷静。退一步，保持客观，抑制无益的情绪，以务实的方式，努力用爱和谦逊解决问题。一些人可能认为你设立和守卫界限是在排斥或侮辱他们，但这种行为实际上展现了伟大的爱和诚实，展现了"我想要以合理的方式敬爱你们，满足你们的需要，在不损害我和家人关系的前提下"的态度。我们都明白人与人的关系是多层次的，所以更需要设立明确的界限。

中国的男性，你们能否想象，明确的界限会给你们的家人传递什么样爱的讯息？他们会知道：在爸爸的眼中，我们很重要！你们能否想象，如果在你的成长过程中，你的父母对他们的时间和空间设立了严格的界限，更加珍视构建和你的关系，更多地陪伴在你左右，那么你的人生会有怎样的不同？

如今你有一个绝佳的机会，让科技成为你的仆人，而非你的主人。可以用科技帮助你创造更多的时间和空间，让你做最有价值的事，就是有更多的时间与家人相处，让这时光过得更美好。此外，你会为你的孩子设定一个很好的模式，相互投入有质量的时间来创造珍贵无比的回忆，这真正是金钱无法购买的，因这些回忆将提供无形的力量来帮助你的孩子养成坚韧的性格，去面对未来生活中的难题。

第 7 章

人生之道：
宽恕

Chapter 7

Forgiveness as
a Lifestyle

本书的许多章节都有转变人生的力量，而我认为，其中最有力的就是"宽恕"这个话题。我建议你敞开心扉，在有意识地阅读本章后，思考这个人生之道。

有一种内心的姿态，我但愿自己早年就能够更深刻地理解它，有机会更多地实践它，那就是宽恕。宽恕的力量能改变家庭生活，改变人与人之间的联系，改变一个国家。

这个话题不小，我在这里只能扼要谈谈。我首先请你重新审视关于宽恕的一些常见说法。我经历了宽恕的过程，也指导许多人学习宽恕，其间我遇到了一些关于宽恕常见的误解，我想先和你们分享这些误区，希望你们能看到宽恕作为一种人生之道的价值，而不仅仅将宽恕作为不得已或最后的选择。实际上，宽恕并不属于战场，宽恕由爱而生。

误解一：假如我宽恕了对方，就相当于我认为对方的做法是正确的、可接受的。

我曾经辅导一家大公司的老板，他与自己管理团队中的一员发生争执，在工厂生产的一个问题上有分歧。他们需要购买一架昂贵的大型器械，这位老板想从他姐夫所在的公司购买。那家公司在这一领域是世界顶尖的。不过即使他是老板，也无法完全了解自己大公司内所有产品生产的细节，这就是为什么他设立了优秀的管理团队，有杰出的经理，他们拥有工程背景，了解产品和生产过程。

这位老板十分信任、亲近的一位经理，想要购买另一家公司的器械，价格更便宜，但在行业圈内的名声稍低些。老板表示预算不是问题，他们可以承担得起他姐夫公司的更好的器械。

的确，这家大公司前一年亏损了，但第二年已有了好转，而这位老板非常希望保证生产质量，不希望像对手们一样，用便宜的器械制造低质量的产品。这位老板很信任这位经理，他也不得不信任，因为在技术知识方面他不如人。最后，他希望向他的员工展示自己的信任。他担心假如董事会看到资产负债表情况不佳，可能会质疑他为何选择更贵的器械。他也担心公司里和器械打交道的员工会说长道短、散播流言，背地里骂他没什么工程知识还乱买器械。他担心他看重的这位经理会感觉自己孤立无援：老板不接受自己的意见，自己还得处理老板买回的器械产生的问题，导致心生不满而离职。

最终，这位老板告诉董事会，他们将购买这位经理推荐的器械。董事会更满意这个选择，因为东西更便宜一些。不过，仍然有些人不相信他会愿意让步。决定执行下去之后，一位董事告诉他，这个决定应该是最好的，因为假如他购买自己姐夫公司的器械，员工可能怀疑他谋私利！

你可能猜到接下去的事了。新安装好的器械问题百出。最糟糕的是，尽管器械运转良好，产品质量问题导致瑕疵返厂率上升了600%。业内消息称，该厂早先以高品质著称，近来却降低了产品标准。这一决定让他们损失了近亿澳元。

现在董事会又找到这位老板，质疑他缺乏权威，指责他让股东受损失。他儿子是公司的员工，连儿子都对他表示失望。更糟糕的是，他想和这位经理坐下来好好谈谈，如何解决当前的问题，对方还生气了，指责他没做好自己的工作，没做出最佳决策。老板难以置信，对方怎么能这样？为什么这一切成了他的错？毕竟是对方选择了这个器械，而不是他。

形势每况愈下。开会后第三天，这位经理辞职了，拒绝来上班，给老板发了条短信，说不愿意和这样一群人工作，大家都不关心产品质量，面临重要决策时没有主心骨。老板再次震惊了，而且愤怒非常，这是可以想象的。接着，他又接到了一位董事的电话，说他也收到了经理的辞职短信。

董事在电话里声音颤抖，说他听说了一件惊人的事。两人约了午饭，坐下来，董事却什么也吃不下，神情沮丧而惭愧。他努力抑制着恐惧和颤抖，将一些不为人所知的事告诉这位老板。他此前没和老板或其他董事提过，因为他不确定事情的真实性。

首先，他不说，是因为他不能核实所听到的传言。其次，他也觉得这架更廉价的器械是个好选择。"到底是什么消息？"老板问道。

这位董事说，他之前听说，假如买了这架更便宜的器械，那位经理将得到对方公司私下承诺的一大笔钱。老板不知道该愤怒还是哭泣。董事继续说，但是经理一直没收到这笔回扣，器械公司骗了他。

这下，老板彻底懵了。幸好他有一位支持他的妻子，耐心听他讲述完，并建议他来找我。几周后我们见面的时候，他公司的事情已经缓和了许多。他找到那家器械公司当场理论，对方同意尽快解决器械造成的产品缺陷的问题。对方公司召集了他们最优秀的工程师，想出了一个简单容易的解决方法，虽然要花他们一大笔钱，但他们告诉这位老板，他们很抱歉自己的器械造成了问题，很感激他来找他们，让他们有改进的机会。他们没有给那位经理回扣，是因为他们刚刚换了领导层，所有的欺诈行为都逐渐调查暴露出来，很多销售员工被炒鱿鱼。不仅如此，新领导层希望带领公司成为行业领袖。"下个月我会和其中几位领导去打高尔夫。"这位老板微笑着告诉我。

　　我问他，怎么看待之前那位经理和后来那位董事，他的笑容淡了，低下头，盯着咖啡桌。"大卫，我一想到他们做的事就难受、火大，而且那个经理还指责我。那个董事因为自己想要便宜的器械而不告诉我消息，他明知道我们买得起贵的！"

　　我说我明白遇到这个情况并蒙受损失，他肯定会很生气，不过这不是我关心的重点，我关心的是他对于那两个人的心态。

　　他说："我厌恶他们。我也不想这样，但他们伤害了我，欺骗了我。我当那个经理是朋友。四年前，他老婆做化疗，我甚至让他额外休假！"

我对他的痛苦表示理解，于是解释说，遇到背叛和损失，生气是正常的反应。"负债会持续多久？"我问。

　　"没有负债。我们买器械的时候动用了一些现金储备。"

　　"不是说器械，"我说，"是那经理和董事对你的负债，你心里觉得他们亏欠你。"

　　他有点困惑地看着我。我解释说，不宽恕别人就像别人欠你钱一样，惦记着别人对我们做的事情，觉得对方应该负责，深信对方亏欠了自己。

　　"我大概听懂了，"老板说，"就好像我觉得他俩欠了我？"

　　"对，没错。但事实上，抓住这种有害情绪不放，只会让你感觉更糟糕，就像俗话说的，'永不宽恕，就如自饮鸩酒，却指望对方被毒死'。"

　　我看得出来他明白了。接着他说了一句话，注意，这是我们通常对于宽恕的一个误解。他说："但是大卫，如果我原谅了他们，不就等于说他们做得对吗？这绝对不行！他们做得不对！是他们错了！"

　　我认真地看着他，继续解释，宽恕他们并不是宣告对方正确。事实上，认识到他们不值得原谅，反而使得宽恕更加难能可贵。我告诉他接下来这句话，他顿时热泪盈眶。"朋友，你宽恕的目的是为了自己好。我们人类天生无法承受对他人的指责和评判。你想象别人欠了你，有时候我们觉得自己完全有理由这么做，但我们的心灵生来是要在爱与慈悲的环境中壮大的，而非暴虐与憎恨。悲苦和仇恨将啃噬你的精神与灵魂，并渗入你的身体。"

他点了点头，明白了。"你说得对，大卫。我觉得我懂你的意思。我会宽恕，不是因为他们做得对，而是因为这对我自己、我的家庭和我的未来有益。""正是如此！"我的双眼也湿润了，我看到他的精神状态已经在好转。

接着他做了一件出人意料的事。他低下头，闭上双眼，坚定地说："经理，我原谅你。你背叛了我，骗了我，对我那么差劲儿，使我这么痛苦。我不应该被你这样对待，我知道。但是我选择原谅你，把你从我的心里释放走。"

我简直难以置信。这个男人如此强大！我明白了他为何在朋友中有如此好的名声。他明白了宽恕的含义。接着他又宽恕了那位董事和在媒体、工厂里批评他、说他闲话坏话的男女员工们。说完之后，他睁开眼，抬起头，双眼在泪水中闪亮，如同日出的光芒。"哈，我觉得好多了，谢谢您，大卫。"

我赞赏了他的勇气。他本可以意气用事，解雇那个董事和其他嚼舌根的员工，但他没有。

中国的男性，我希望你们能体会到，渊心爸爸知晓宽恕的力量，明白自己的价值。并不是说把自己看得比他人更好、更完美，而是明白自己和任何人一样，应当获得公平、良好的对待。我们必须明白，不肯宽恕他人，是允许坏情绪在自己心中扎根，因此，只有自己能选择拔除。宽恕他人也不是仅仅为了保持面子，而是要把问题健康地解决。

我希望这个故事让你看到，宽恕他人并不意味着他们对你或你爱的人做的事是对的，而是消除我们因他人带来的痛苦而在自己心中堆积的负债。不宽恕的外壳里装的是痛苦的源头。宽恕他人，释放有害的垃圾，你便不再因此继续受苦。

你现在是否有想宽恕的人？或许这个老板的故事和你的某段经历类似？表达宽恕，就趁现在。我建议可以用这个老板的方式，坚定洪亮地说出来。

这个故事还在继续，这里就引出了第二个常见的误解。

误解二：假如我宽恕了对方，就意味着我要允许对方重新进入我的生活。那换句话，我要再信任这个人吗？

我和这位老板交谈之后过了三周，他给我打电话。他之前给我寄了一个礼物表示感谢，我以为他是要确认我是否收到了，但不是。他希望再次见面，声音有些急切。我问他怎么了，他只说需要一些建议，

因他接到了那位前任经理的电话。

我们见了面，他解释说，前一天接到电话，他辗转反侧。"我不知该怎么办，大卫。我知道我已经宽恕了他。我心里舒服了，对他也有情谊。但他希望回到原来的岗位。我都原谅他了，那是不是该让他回来？他确实是一位优秀人才。我知道他已经近两个月没有工作了。我听说他在他兄弟的店里帮忙，挣点钱，但我敢说他现在手头很紧，毕竟离职的时候名声扫地。"

这位老板的心充满怜悯，让人敬佩，但这也给他带来了困扰。一方面，他需要有人才顶替这个职位，另一方面，被背叛的滋味还记忆犹新。

我不给直接的建议，而是提出一些问题，拓展他的思维，引导他在困惑中做出明确的决定。于是我把情景换了一下，从这个方面问了老板一些问题。我请他想象自己是一个十岁男孩，每日走路上学。我记得之前聊天时他说小时候每天从家到学校要穿越整个城市，走三公里的路。我就让他想象，有一天，你照常上学，路遇一条狗。你认识它，因为它经常在围墙后边冲你叫。但这一天，门是开着的，狗也没拴。我问了他一个简单的问题：假如狗追上来咬了你，你第二天还会走同一条路上学吗？

"不太可能，"他说。"如果有选择，我会选另一条路。"接着，我请他想象，狗咬的伤口愈合了，但在腿上留了疤。疤痕就是他受伤后恢复的标志，也时刻提醒着他。听到这里他立马起身，向上扯出商务衬衫，转过身，掀起衬衫，给我看他的背。在皮带上方 15 厘米处有一个伤疤。

"看到了吗？"他问，"我以前为了抄捷径上学，会翻过一堵墙。本来不该这么做的，因为那是别人的私宅，但我还是翻了。有一天，我被一根露在外头的钉子划伤了，疼得要命！"从伤口的深度可以看出来。"我再也没爬过那堵墙。"他大笑着说。他明白了我的意思。

我接着解释了狗和围墙的区别。我承认这两者留下的都是伤口和疤痕，但前者是一场袭击，后者是一场意外。归根结底，男孩要决定是否走有狗的那条路，或是否要翻墙。当然，狗大多数时候都会被关在门后，而你也可以在翻墙的时候更加留意钉子，但没人强制你怎么样选择。你是自由的，可以按自己的意愿做决定。

老板承认那个经理的行为不是意外，是经理一开始的故意伤害使他痛心难过。他可以忍受器械出问题，但面对恶意的心却是另一回事。人和器械的区别就像狗和钉子，前者有意志，后者没有。

他说："那么，大卫，我再和你确认一下，我虽然宽恕了他，但不意味着我应该让他回公司，对吗？"

"对，我的朋友。你有选择的自由，你不需要为他的行为负责，你没有义务为他的后果埋单，"我回答，"那么既然你明白你没有这个义务，假如你决定让他回公司上班，你是做了健康的决定，因你的决定是基于爱、慈悲和尊重。"

我希望你作为一个渊心爸爸能明白这些。这个故事完美地展示了现实中宽恕的力量。真正的宽恕赐予我们更宽广的自由。这样的自由，或是任何形式的自由，都可以用来做好事，做坏事，或者无功无过。我在本章开头提到，真正的宽恕是基于爱的，基于你对自己、对他人的爱。别人冒犯了你，伤害了你，你没有义务允许对方进入你的生活，

让他再次伤害你。你有选择的自由。有时对方是家人，情况会很复杂，但请明白，宽恕并不意味着对方就有权利重新回到他原本在你生活中的位置。如果这人希望再次得到你的信任，那么信任要建立在这个人的实际行动和他思维态度的真正改变之上。

误解三：对方道了歉，我才能原谅他。

你或许想知道，这位老板之后怎么处理这个经理——他决定重新启用他。我问为什么，他说："因为我珍视彼此的友谊……而且他是最适合这个职位的人。"

经理回到岗位后，所有员工都知道他的诓骗给公司带来的麻烦，这使他的日子不太好过。他品尝着自己种下的苦果，承担着自己行为的后果。

经理回来几天后，他手下的一个工程师请求见老板。工程师走进老板办公室时显得怒气冲冲。老板问怎么了，工程师说，经理回来以后跟个没事人似的，就像去度了个假回来了一样，不明白他怎么能装得什么也没发生似的。工程师解释说，经理走后，他经历了非常艰苦的一段时间。他参与了修复器械问题的工作，加班加点，错过了许多重要的家庭聚会，因为公司需要他。工程师站了起来，在房间里踱步，高声说："经理完全不知道自己惹了多大的麻烦！就这么回来了，连句道歉都没有。我恨他！我不管他是你朋友还是最适合这个岗位的人，你都不该让他回来！"

我为这位老板感到骄傲。他告诉我接下来发生了什么，我举手和他击了一掌。老板让工程师坐下，并感谢他分享自己的忧虑和思考。接着老板向他道歉，没能注意到他的额外付出。"哦，这没什么，"工程师答道，"你有几百个员工，我并没有期望你能知道这些事。"

"但是，"老板说，"我想要肯定你的努力。我很抱歉你错过了许多重要的家庭聚会。家庭非常重要，我知道这种感受。请你原谅我。"

工程师不知道该说些什么，老板在不到一分钟内向他道了两次歉。"那是，我当然原谅你。"工程师深吸了一口气。

老板朝他露出了一个温暖的笑容，并感谢他接受自己的道歉。"那么，"老板说，"你能不能原谅那位经理呢？"

"没门儿，凭什么？你刚才道歉了，他又没道歉！"工程师的表情从释怀变为了愤怒。

老板向工程师略微讲述了我们交谈的内容，讲了他为何决定在没有收到道歉的情况下原谅经理。他说："假如你要等对方道歉，等他承认伤害了你，你可能要等一辈子。你每天和对方朝夕相对一起共事，你却是那个要承受痛苦和怨恨的人。一个朋友曾告诉我，不愿意宽恕他人就像自饮毒酒而指望对方被毒死。无论如何，我还是鼓励你宽恕他。做一个大度的人，给自己自由。"

老板告诉我，工程师惊讶地看着他，问："你是说他没向你道过歉？简直疯了！你损失了这么多！你就这么原谅他了？"
"对。做起来不容易，但值得做的事都不容易。"

你可能猜到了，故事的最后，工程师深吸一口气，看着老板的眼睛说："好，我选择宽恕他。原谅他对我们和公司所做的一切。原谅他害我错过了家庭聚会。"

选择宽恕，会带来多么惊人的效果。我们踏出了偏执的评判框架，能够从不同的角度看待事物。工程师继续对老板说："你知道，他多半也对自己的行为感到羞愧，所以才从不提起这事了吧。要是换了我，恐怕没有胆量再回来工作。我得让他知道，我佩服他的勇气！"

老板惊讶不已："好啊，为什么不呢！他知道我们今天见面了。让他知道你的想法，告诉他你不怨恨他。"

于是工程师就这么做了，午饭时，他和经理聊了一会，缓和了两人的关系。事实上，几天内他们就一起解决了一个复杂的生产问题，两人都得到了老板的奖赏，获得三天的假期和一些奖金。

渊心爸爸，你看到宽恕的力量了吗？你看，对方不需要道歉，宽恕是由你来给予的，而不是由对方来索取的。我曾和一些人交谈过，伤害他们的人，例如家人、父母或其他人，有的已经去世或失去联系，因此他们不可能获得道歉。这样的事情令人难以接受，但他们熬过来了，从心中释放了所受的伤害，释放了伤害他们的人。你也可以做到！

误解四：我原谅过他们一次了，已经够了。

重要的是，我们要知道，一些伤害发生在亲密关系中，情况错综复杂，可能需要我们多次宽恕对方。假如我们真的每次计数，那就表明我们的心并非从爱出发，因为爱是不计较过错的。爱总是选择宽恕，因为爱尊重和平，反对战争；爱渴望止暴，拒绝暴力，而这样的选择需要从我们开始。

宽恕伤害你的人多少次取决于你想要这个重建的关系有多深的连接。在某些情况下，你宽恕，但这些人不能再成为你生活的一部分。

在其他情况下，这取决于他们是否真正转变了，并且能够与你建立健康的关系，但是你可能需要几年的时间才能重新建立起对他们的信任。有一个原则是，如果你觉得不安全，那请宽恕他们，但不要再让他们回到你的生活里。

在我自己的人生中，回顾我与父母的关系，很多次我因为他们对我做的事情和他们没有为我做的事情而感到痛苦和怨愤。在我的成长岁月里，我宽恕了他们不下一百次。然而，请相信，我父母绝非暴虐之人。他们善良、慷慨，以他们知道的最好的方式在爱我。但我在成为渊心爸爸的成熟过程中必须摆脱心中痛苦的束缚，宽恕过去的具体事件。换句话说：我相信宽恕在处理具体问题上最为有力、最为有效。

刚才提到的那位老板的故事里，他在宽恕经理时，提到了具体的伤害。他说："经理，我宽恕你。你背叛了我，欺骗了我，对我很不公平，伤害了我，给我带来了这么多痛苦。我不该被你如此对待，我知道。但我仍选择宽恕你，把你从我的心里释放出去。"

他不仅仅宽恕了经理这个人，还宽恕了他做的具体事情，你看到了吗？

我遇到很多人，因为觉得宽恕是做正义的事，或是宗教信仰的指导，就选择草率地原谅他人。他们只说了一句"我原谅爸爸（或别人）做的一切"，但却没有深入具体到事件所带给他们的伤害，而那个伤害才是他们感到怨恨的根源。他们继续和对方保持关系，或看似正常地谈论起对方，但其态度却是虚假的，是基于否认，而不是基于爱。

我最后讲述一个寓言，希望能让你有所思考。

两兄弟

很久以前，有兄弟二人，吉姆与约翰，生活在相毗邻的两个农场，两人发生了矛盾。四十年来，耕田收获，他们彼此共用器械，相互帮助。冲突的起因是一个小误会。但两人互不体谅，误会演变成了激烈的口角。"冷战"几周后，又发生一系列冲突。

一天早上，吉姆听到敲门声，打开门看到一个人拎着木工箱，说："我在找点活干，不知道你这里是否需要人，我能帮点忙吗？"

"还真有，"吉姆说，"你看小溪对面的那个农场，那是我弟弟约翰的。上周之前，我们之间还是一片农田，但他开着推土机到河边，挖出了一条沟，现在我们之间变成一条小溪了。他这么做是为了气我，但他不会得逞的。你看到仓房边上那一摞木材了吗？我想请你筑一道栅栏，三米高的，这样我就再也看不见他那片破地了。"

"我想我明白了，"木匠说，"保证让你满意。"

吉姆刚好到镇上采货，顺便买了木匠需要的材料，然后就外出了。

木匠干了一整天，测量、锯木头、钉钉子。日落时分吉姆回来了，木匠刚刚收工。吉姆瞪大了双眼，下巴都快掉下来了。

他没看到栅栏。木匠筑了一座桥横跨小溪！做工精良，还有扶栏，而且约翰正从桥上过来，朝他伸出手："我对你说了那样的话，做了那样的事，你却建了这桥，我太惊讶了。"

两人站在小桥两端相视良久，一起走到中央，握住彼此的手。他们转头看见木匠背起了木工箱要走。

"请等等！再留几天吧，我还有一些活想请你帮忙。"吉姆说。
"我也很想留下来，"木匠说，"但还有很多桥要建造。"

每天我们都面临着建栅栏或建桥梁的选择。前者导致隔离，后者带来开放。

你会怎么选择？

第 8 章

了解孩子的局限

Chapter 8

Understanding
a Child's
Limitations

二十世纪九十年代后期以来，神经科学才真正展现了大脑的各个发育阶段。脑科学研究成果虽十分惊人，却只初步展现了人类的性格形成期（八岁之前）对整个人生的影响。

我不是脑科学的专家，我写这个章节，是以一位人生学徒和渊心爸爸的身份来讨论这个话题的。了解大脑的运行机制使我在工作中具有优势，慧眼独具，但最重要的是，我感谢它给身为家长的我们的帮助。

本章旨在阐明儿童的局限。我想简要分析一下大脑发育，希望能给你一些想法，了解和明白人既可以通过一些方式突破局限，也可能画地自限。

此前提到，我有三个孩子，分别是八岁、十一岁和十四岁。女儿是老大，已上初中。她在一些科目上非常出色，在其他一些上则不擅长。两个儿子也有一些强项。我想绝大多数人都会同意,教育十分重要。在澳大利亚,正规的教育从孩子五岁左右开始,十八岁左右结束,总共十三年的学校教育,之后才能进入大学。作为一个年轻的原殖民地国家,澳大利亚虽有几个世纪的学术成就,不过,整体上,在世界范围内只拥有几个突出领域。

我对孩子长大后的职业道路的选择没有执念,孩子们需要自己选择走出这条路,自己做决定。他们成年后要做的事取决于自己掌握的技能、资源和机会。如一切顺利,他们会明确自己的职责,度过一生。我知道他们也会犯错;我希望他们犯些"微错"——若不这样,怎能学到人生的"功课"?我更希望,孩子们跌倒的时候,是向前倒,而不是向后倒,这样他们就能爬起来,保持势头继续往前走。

成年人很难记得自己很小时候的样子。这种记忆的缺失有几个原因,主要是因为我们的大脑是一直到三岁左右才形成成熟的记忆能力。我们理所当然地认为世界就是我们成年时期看到和理解的那样,但我们忘了自己年幼时看待和理解世界的方式并不相同。

为将此话题化难为简,我会讲述记忆的三种基本形式:认知式、情绪式和躯体(身体)式。我们的记忆是逐步形成的,首先是躯体(身体),接着是情绪,最后是认知。随着时间的流逝,这些记忆继续演变、变得更精炼。以下,请允许我详细讲解。

认知式记忆

我们成年人说的"记忆"通常就是指认知式记忆，指的是我们清晰记住事件及其若干细节的能力，当然也夹杂着主观性。例如，你记得你的中学或是大学的最后一天是什么样吗？你记得结婚当天的情形吗？你记得昨天吗？记得你孩子出生的那天吗？能想起某个悲伤的时候或者是听闻某个亲人死讯的时刻吗？你记得你去年的生日是怎么过的吗？

假如你能肯定地回答上述问题，可能是因为你能记起其中的一些细节，可以描述出时间、地点、在场者，可能还记得当时的心情。

认知记忆很重要，这种记忆让我们能够描述发生了什么。描述过去是一项重要的活动。大脑分析性的部分帮助我们对过去的事件进行代谢，尤其是对过去伤痛和困苦的经历。

渊心爸爸需要了解：给孩子时间，让他们讲述自己经历的事情，对孩子的情感健康和发展极度重要。

几年前，一所小学发生了惨案：一位父亲在暴怒之下杀死了自己的儿子。我孩子的同班女同学虽然当时不在场，但她认识那个被杀死的男孩，她前一年和那男孩一起上学。事发之后，她才听说了这事。一个午后，我和妻子正和这女孩的妈妈聊天，她和我们述说了一件事，我听后很难过。

当时的聊天内容大致是：我女儿在新闻上看到了她的老同学出事了，一整天都很安静。后来她开始聊起这个男孩，说这个事情太瘆人了，和我说了很多关于她同学的事，说他们以前在一起玩，他死了她非常难过，还问了我很多问题。我女儿有一年没见到他了，现在也不在那儿上学了。我听了这小男孩的事心里就很不舒服，就叫女儿闭嘴别再说这事了，因为说了也没用，你得继续生活下去！把这一件事忘了吧！

我知道这位妈妈心里不好受，不想听下去，但是她很快叫女儿闭嘴也不正确，父母需要先给予孩子空间和时间，让孩子跟父母分享他们不理解的事情，尤其当孩子还在十岁以下时。小女孩当时只有五岁。这位妈妈没有倾听女儿诉说她对这件事情的看法和感受，这样做将会严重损害孩子理解所发生事件的能力。这个女孩需要一个安全、有爱的环境让她倾诉。

几年后，这位女孩想和其他人述说一个悲惨事件，或许是发生在自己身上的，或许是类似性侵犯这样的严重事件。她会觉得没有人想倾听她的心理感受，找不到一个安全的地方来分享这件事，很可能就会在内心里压抑着，这会导致心理和生理健康问题。

渊心爸爸会给孩子时间让他们消化和述说自己觉得重要的事。家长需要让孩子讲述发生的事情，让他们努力用认知思维理解事件，这样孩子会避免受到不幸的影响。如没有让孩子经历这个步骤，事情会卡在他们的情绪记忆和身体式记忆中，带来许多负面的后果。

情绪式记忆

　　情绪有很多标签——好、坏，可接受，难以接受，负面、正面，等等。这些都是家长、监护人和文化给情绪贴上的标签。例如，一位爸爸不小心撞疼了脚趾而叫出声来，他的四岁儿子看到后大笑，爸爸可能会说："笑什么，这可不是好玩的。"这样，孩子就开始明白一些情感的表达合适，一些不合适。假设一个小女孩的玩具被家长嫌吵而拿走了，她难过得哭了起来，家长可能会责骂她，叫她别哭了，因为在他们看来，这没什么好哭喊的。这些琐碎的小事逐渐塑造了我们感受不同的情绪与事件和为它们分类的方式。我知道这一点听起来有点奇怪，但感受和情绪是两回事（稍后我会解释）。

　　在我们成长期间（尤其七岁之前）学到的所有这些对情绪和表达的标签都发生在潜意识层面，也就是在大脑高速运转的一个区域，速度比有意识的认知处理要快，所以我们有时觉得很难用语言表达情绪，因为认知式记忆过程是最后一个阶段，也是最缓慢的。只要想想，你有多少次认出一个人的脸却想不起他的名字。假如无法记起他的名字，又怎能说你认识对方？

　　我们经历的事情及当时的情绪被储存和记录在大脑的右半脑——这就是我们通常讲的"记忆"；有趣的是，大脑的右半边不能识别和加工时间，时间功能位于左脑！左脑储存了我们的认知和对文字的记忆。

无论我们的情绪是痛苦、难受、快乐、悲伤还是恶心，记录情绪的右脑将这些情绪原封不动地保存下来——这种记忆没有时间的概念，而这状态是不受时间影响的。这就是为什么某种气味可能突然引发我们以前经历过的某种情绪，或是当我们听到某人的名字，看到某人的照片，过节或下雨天，也都能引发和干扰我们内心的情绪。让我用另一个例子说明：我们喜爱诗人所写的诗句是因它能触动和表达出我们内心的感受；例如李白想家了，他写了有代表性的诗句"举头望明月，低头思故乡"。

例如，一个人在成长过程中可能受到他人的虐待，加害者可能是某个亲戚。受害者可能多年来隐藏着自己的情绪，但虐待带来的伤痛如果不加治疗和处理，会一直在右脑里，历历在目。比如受害者要参加一个家庭聚会，例如寿筵或是葬礼，而他知道这个亲戚也会出席。听到那个人的名字，他会怎么反应？（他可能会回到他被虐待的那段日子，感觉压抑、惧怕等等。）假如事先他不知道那个人会出席，碰面时会发生什么？或许会是扑面而来的恐惧、焦虑、愤怒、痛苦。这就是情绪式记忆的力量。假如受害者有机会和辅导医师述说，处理伤痛，倾诉悲苦，这件事对他情绪的影响或许就没有这么得强烈。

所以，渊心爸爸不会在孩子表达和体验情绪时打断对方。如果创伤压抑在心中，没能在安全的环境下向他人抒发，就会进一步恶化。

前面提到的小女孩与他男同学的例子中，那个孩子就需要时间、安全的场地和让她放心的人帮助她处理所经历的事件。

创伤需要健全和良好的人际沟通来慢慢缓解、消除。这不意味着我们就把事情忘了。我们改变不了过去，但能改变过去在我们心灵上产生的影响。换句话说，负面的情绪和感受经过我们正面与健康地选择，而可以逐渐转变成健全。

从另一方面看，与人接触也可能对孩子的发展带来积极的影响。

我希望并祈祷我的女儿能从我身上看到和感受到，一个有爱、有安全感、诚实的男人是什么样子。在某种程度上，我更多地是在为她和她将来的配偶起到模范的作用。她想说心里话，我就倾听。我绝不骂她，也不打她，我不是一个暴力的人。我尊重她的隐私。我不要求她满足我任何心理或生理上的需求。我也不要求她有好成绩——我不用这个来向亲戚朋友夸耀。我女儿所受的期待和对待的方式会很大程度上塑造她的情绪变化和未来。不仅如此，她的经历也会影响到她在找未来伴侣时所看重的优良特质。

我希望给女儿展现一个值得尊敬的人的形象与表率，希望她找的伴侣也有我展现出的价值观——有爱、给人安全感和诚实。

躯体（身体）式记忆

我们的身体和感官——视觉、嗅觉、听觉、触觉——这些是我们身体最先体验一件事物的部分。声音经过耳鼓，接着通过大脑的核心部分转化成文字，最后，如果有必要，将由有意识的思维接收。这里说"如果有必要"，是因为总有一些话或声音不能达到我们大脑中有意识的部分。想象一下，如我们听到的所有噪音都需要通过认知思考，那会是多么可怕的折磨。事实上，有个说法是大脑的主要功能就是过滤和拦截感官的输入。这个说法挺有意思吧？

许多学者认为，躯体式记忆是所有记忆系统中最强烈的。躯体式记忆不仅帮助我们通过感官捕捉数据，还通过过往的经历时刻提醒我们周围环境的变化。我们的感受非常重要，而且是通过我们的情绪和认知二者的过程与模式来处理这些感受。

首先，把握和形成记忆的是我们的身体。所以，家长对孩童的亲近和爱抚非常重要。

当孩子情绪低落、需要抚慰时，亲切的言语和拥抱会无比温暖，令人宽慰。如果孩子沮丧时陪伴他的只有手机这样的电子设备或是一把糖果，你觉得孩子长大后会怎么应对焦虑和恐惧？想必是陶醉在数字屏幕上或沉迷于饮食，甚至上瘾。

西方社会面临着越来越严重的色情泛滥和体重肥胖的问题，你觉得原因是什么？其中一个重大原因就是缺乏身体力行、充满爱心的父母或其他监护人，能够温柔地爱抚孩子，养育孩子，让孩子舒心，感到安全。

躯体式记忆十分强劲。一些读者可能亲身体验过某些记忆让身体产生反应——假如你经历了心理创伤，未及时处理或治疗，你可能会知道仿佛身临其境的感觉——即使事隔多年，你还能清晰地看到、闻到、听到、感受到。人类就是这么复杂精妙的生物，拥有身体、灵魂和精神。

我说这些是希望帮助你，去思考你的孩子如何看待和理解世界。

躯体式记忆是我们记忆系统中最原始、最强烈的形式。紧随躯体式记忆的是情绪式记忆，最后接着是认知式记忆。

我看到很多家长试图通过理性认知的方式和四岁甚或更小的孩子理论，但徒劳无功。孩子可能很沮丧，可能需要学，但家长缺乏正确解释的能力，也会陷入沮丧中。我逐渐了解到孩子的大脑发育速度比我原先设想得要缓慢，于是我对孩子的期待发生了变化。我认识到，孩子做不出作业时，最需要的可能是个拥抱，或是鼓励的话语。我不禁想起我曾经因为孩子不能理解我觉得理所当然的事情而生气暴躁，我当时觉得他们应该完全懂得我的理论！

这是个让我非常尴尬的经历。（因为有这些失败的经历，我才有机遇去找到健全的出路，选择成为渊心爸爸。）那次我对女儿失去了耐心。她当时六岁，却还不会绑鞋带。每天早上她都要找妈妈或我帮她绑鞋带。

"你能不能自己绑呢？"我们总是这样语气坚定地回答她。这样过了几个月，直到有一天早上我看着妻子，问她："你是否有花时间教过女儿怎么绑鞋带？"

"没有，你有吗？"

我恍然大悟，马上只花了十分钟教我的女儿怎么绑鞋带，然后她就再也没找我们帮忙了。我们向她道歉，之前没教过她。现在她的鞋带依然绑得非常好。几年后，她弟弟四岁半，开始上学。我快速地花时间教他怎么绑鞋带。你猜怎么着？他学不会！他还太小了。一年后他就学会了。

这个生活中的小例子暴露了很多问题。孩子不仅有生理上的局限，也有情绪和认知上的限制。

这也说明孩子没有能力在情感上支持、给予或满足大人的需求。孩子可能会试图这么做，或者有的家长会要求孩子取悦自己，或要求孩子听自己倾诉心事。但是，我敢说，孩子如果要在情感上支持和满足大人的话，会对孩子造成长期的负面影响。

我想请你审视一下你对孩子的期待。他们可能还太小，做不了你期望的事情。另一方面，有的孩子又能够做超过年龄限制的事情。即便是在那种情况下，孩子也需要培训、鼓励，也需要在关爱他们的人（尤其是父亲）的陪伴下，尝试去做事情，并且可以毫不顾虑失败或出错。

我知道很多成年人婚姻不幸。首先是因为他们不能设立严格的界限；其次，或许在他们年幼时，还不能成熟地辨别和给予，就遭到家长过度的情感要求，这损害了他们接受和给予爱的能力。

渊心爸爸需要有成熟的心智，不需要孩子安慰自己，给自己带来快乐或满足。渊心爸爸的生活就像盈满水的深底杯，可以倾倒给孩子。

但相反的是那些空杯的大人，需要汲取孩子赖以生存的水。

请把握当下，花点时间考虑这些事情。

让你觉得束手无策的问题，正是尝试转变的最好入口。

有意识地管控自己的感受，以负责的心态与孩子、妻子和周围的人互动。

世界在注视你。

第 9 章

婚姻改变未来

父亲给孩子留下印记，称之为"昨天"；积土成山，昨天将指引孩子的明天。

我认为在家庭问题上，世上没有什么比一个稳定强健的婚姻关系更加强大的了。

一个女人和一个男人出于对彼此的爱和对传统婚姻的认同而相互扶持守候，是人世间最伟大的力量。

许多文化都有延续了几千年的婚姻制度，但归根到底这还是一个男人和一个女人之间的彼此承诺。取消这一制度，放弃让男女为爱承诺相伴一生的一些国家都遭遇了巨大问题。婚姻破裂和离婚问题影响整个国家，因为一对夫妻离婚，影响的是接下来的几代人。

渊心爸爸知晓，生活不只是自己的，不只是个人的需求、便利和满足。当爸爸是一种荣誉、权利，也是一种义务。孩子或许不能从认知层面理解父母的婚姻状态，但在稳固的婚姻关系下成长的孩子会感受到深刻的力量和安全感，这样的婚姻会为他们的将来带来心灵上的稳定。

上一章我们讨论了孩子的局限。孩子在学会用认知的方式理解事物之前，是通过身体和情绪体验事物的。换句话说，对世界的感受、对家庭的感受、对父母关系的感受会塑造和影响孩子的感知、决定和信念，也会带给他们正面或负面的印记。

我绝不是在批评离婚或分居的人士，我只希望中国的男性能够爱妻子、爱孩子，努力为强健的婚姻关系而奋斗。不要相信好莱坞电影里虚构的情节，对婚姻好像很随意，很"罗曼蒂克"，其实无论你人在哪里，在哪种文化环境里，婚姻破裂的影响都是相似的。直白地说吧，就是不要找情妇、妓女，不要有精神或肉体上的出轨。

一旦出轨，你就不可能成为一个让人感到安全、诚实忠心、有爱的爸爸。男人或女人出轨，最终都将削弱整个社会结构的力量。

我知道这些话很强硬，但这是一个严肃认真的话题。我想读者也都是希望能为后代做出积极贡献的人，我也相信读者是理性的成人，而不是幼稚的孩童。渊心爸爸是理性的人，可以控制自己的生理欲望，能作长远思考，看到骄傲和自负会给生活带来什么，尤其是在人际关系中带来什么。

此外，读者应该会希望自己临终时有子女相伴，可不是因为他们关心你的遗产，而是他们真心爱你，尊敬你这位父亲。

我们都有局限，你所拥有的爱、注意力、时间、精力，只够献给一个女人，以及你的孩子。**渊心爸爸给予孩子的不仅是天赋和教育，更是一个安心的港湾和幸福婚姻的典范。**一旦出现婚外情，你对伴侣的忠诚与领导家庭的能力都将被极大削弱。

你可能会问，离婚或分居对孩子有什么影响？澳大利亚的离婚率近几十年来不断上升。我就以自己家族的婚姻举几个例子。

我的父母维持住了婚姻，而我妻子的父母在她十四岁时离婚了，这并非意外或突然下的决定。长时间以来她父母不和，虽然她并不知道父母之间有什么具体问题，但她能察觉到不对劲儿和没有安全感。

她爸爸好赌嗜酒，花大把的时间和金钱在酒吧和赌场，长时间缺席家庭生活，家里的经济变得紧张，使她错过了很多成长中重要的事物和时刻，令人扼腕。

我们刚结婚，就面临很大的挑战，甚至可能会离婚。我很快就发

现妻子内心深处恐惧一件事，她觉得我会像她爸爸那样让她失望。她父母的婚姻以及她与父亲的关系在她心灵和思维中烙下了负面的印记，而她把这个印记带入我俩的婚姻中。因为我们都是善于模仿的生物，模仿上一代的行为和思路。

无论父母的婚姻是好是坏，是稳健还是不堪，坚固还是脆弱，他们的关系机制都会影响到我们的成年时期。这是无可避免的。你对父母及其婚姻产生的想法和结论将影响到你成年后，你自己的婚姻。这个问题解决得好不好，取决于你和伴侣内心怎么思考、处理和选择。（我和妻子发现问题后，积极地去找婚姻辅导师。）

一个有着酗酒父亲的家庭难以正常运转，我的妻子在几乎得不到来自父亲肯定的情况下成长，家中缺乏安全感和稳定性。因此，她要很吃力地达到父亲对她的过高要求（比如成绩），她只好放弃自己内心喜爱的事物，才能获得父亲些微的认可和喜爱。

一个父亲如果不诚实，不能给孩子安全感，孩子会学着用不健康的方式来获取自己想要的。我的妻子就不得不努力获得父亲的认可。但同时，她心中也形成一个误区，知道父亲多半会拒绝她、推开她、否定她，父亲没有时间关心她，这种消极的心理预期在她很小的时候就形成了。

这种心理预期是一种对抗痛苦的方式；这样她被父亲拒绝时，心里就不会那么难过。因此，她有不健康的回应，变得非常粘人。有时她过于需要我，让我感到窒息，于是我会抗拒她；这就触动了她心中的按钮，就是她消极的心理预期：男人都会拒绝她，因为不在乎她。

同时，我也将自己的印记带入了我们的婚姻。我父母虽然一直维持着婚姻，但在我成长的许多年里，爸爸经常不在家，长期加班。对一个新移民的妻子兼母亲来说，丈夫不在身边，她很自然地会寻求心灵上的情感依靠和保护。女性这种心灵上的需求就像男人的性和生理需求一样。

没有丈夫可依靠，我母亲就从孩子们身上寻求心灵的依靠，这一切都是在她吃力维持家庭的情况下不知不觉产生的。我在成长过程中不得不学会如何在心灵感情上支持一位妇女，但问题是，我是个年幼的孩子，而不是成年的"丈夫"，我能提供的太少了，无法满足母亲的需要。母亲变得很粘人，而这在我心中留下了负面的印记。当我结婚后，我把这个认知误区和不健康的思维转移到我妻子身上，我理所当然地认为我的妻子会很粘人。

我不是责怪母亲，我是通过真实案例的分享，希望你能看到我们每个人带入婚姻的印记是如何在我们自己的婚姻中发挥影响的。在这个问题上，我和妻子挣扎、冲突了很久，直到我们意识到问题来自我们各自的内心和成长的经历。我敢说，同样的关系机制也会在你的家庭中出现，在亲子关系和夫妻关系中都会出现。我们要互相清理这些误区和谎言，处理我们内心负面的印记。

我述说这些是希望你能恍然大悟，而后选择努力构建强健的婚姻关系，并进而认识到坚持渊心爸爸的价值观是多么得重要。你必须选择对自己带进婚姻的伤痛、期待和习惯负责。

如果我们在童年成长时期遭遇父母婚姻失败，会让我们因惧怕再次经历过去破碎家庭的痛苦而害怕对婚姻许下任何承诺。就算结婚了，但是心灵没有治愈和成熟，缺乏自制力，在新组建的家庭中就可能出轨、包养情妇，以满足自己的欲望。这会影响你孩子的未来，你的子子孙孙，甚至祖国的未来。

人若对伴侣不忠，会伤害许多人。想想你的孩子。如果他们发现你有别的女人，会怎样影响他们的成长？会带给他们的成年生活怎样的印记？如果你的女儿发现你有别的女人，她会怎么想？我见过许多西方家庭中有这样的裂隙和悲剧。即使中国文化努力规避这一问题，即使妻子为了家庭和保持体面，睁一只眼闭一只眼，但你所立的不良榜样也不利于女儿成年后学会自重。回避这一问题并不代表它会自动消失，它依然会带来负面的影响。

男人很容易陷入对情妇的追求和迷恋中，这是毁灭性的错误。他忘了，这个情妇也是别人家的女儿！他给这个别人家的女儿虚幻的希望，因他毫不打算离开妻子和她在一起。他在玩过家家，只为满足自己自私的需要，完全不打算为他所诓骗的情妇负责任。

想象一下这个被诓骗的情妇是你的女儿。这个男人一边玩弄你女儿，一边瞒着他家人，你会有什么感受？朋友，这是个悲剧。

想象一下，假如你的儿子发现自己的父亲有别的女人。他会觉得父亲背叛了自己，从而对父亲的人格产生怀疑，安全感会崩塌。当你的儿子长成了你希望他成为的成功人士，结了婚，给你生了个大胖孙子，或许还是你唯一的孙子。假设他步你后尘，也找了个情人。现在，他和妻子离婚，去了另一个城市，娶了情人。你或许再也见不到孙子了，他老婆可能不让你见。我在西方国家看过各种各样类似的婚姻破裂。我知道中国的爸爸们也在重复这种不幸的模式。我对许多来自单亲家

庭的人做个别的辅导，因他们虽已婚，有孩子，但仍然没能走出父母离婚的阴影。这一切都是因为父亲缺乏日复一日爱妻子的勇气，缺乏对伴侣保持忠诚的能力。

当我妻子的爸爸离开家庭时，你知道她是怎么想的吗？她的认知误区和所有单亲家庭的孩子一样："这都是我的错。"

我知道这听起来奇怪、可笑，但假如你父母在你小时候离婚了，你多半就能理解她的心理。当然，正确的答案是："这不是你的错。"

那些将婚姻破裂归咎于孩子的家长，应该自己成熟成长，为自己的选择负责任。

我希望让你多了解一些出轨的影响。通常我们认为婚外性关系是出轨的唯一形式，这当然是一个男人可以将对妻子的承诺转送他人的一种方式。但你知道吗？精神出轨也非常常见，而且经常导致肉体上的出轨。

精神出轨是什么？是指我们将对爱人应有的情感转移到他人身上。这就是为什么家庭成员间需要敞开心扉地交流，这也就是为什么渊心爸爸致力于关注在身心之间构建良好的连接，如此才能积极表达情感，与妻儿建立稳固的亲密关系。

敞开心扉，夫妻互相倾诉

你或许注意到了，女性更善于将情感和感觉用语言表达出来。科学研究表明，女性和男性的大脑构造不同。人脑的左右半球之间有一座坚固的信息桥梁，可以将感觉和情绪传输到大脑的认知和语言区域。但这并不意味着人就不用努力向他人敞开心扉了。这座信息桥梁是可以通过努力锻炼来加固的，这座桥给我的生活带来了无与伦比的快乐和自由。就像训练肌肉一样，你需要不断加固这座桥梁。这个过程会有困难和挫折，但一切都是值得的。

尽管这本书是给渊心爸爸看的，但女性也需要有技巧、有正确的意识，并通过适当的自我锻炼，才能够接受自己的男人现在的样子，爱他本来的面目，而不仅仅是当男人做了她期待的事情时才爱他。有趣的是，男人会回顾自己和母亲的关系，来确定是否可以放心地和妻子交代心事。一些母亲让孩子没有安全感，孩子难以分享自己的感受和想法，于是这些男人长大后就不信任女性。

很多找我培训的男性认为（这是他们的误区），不能和女性坦陈心事。通常是因为小时候他们告诉妈妈一些心事，而妈妈不尊重孩子的秘密，反而用这个事情来伤害孩子或让孩子感到羞耻。又或许她和其他人闲聊时透露了这个秘密，让孩子对妈妈的信任受损。有的妈妈甚至觉得孩子的感受很可笑很幼稚，还嘲笑他这么得"坦诚"。有的妈妈还以之为把柄，要挟或操控孩子。

无论是哪种情况，孩子都会下定决心，不和女人说心里话！因为这是不安全的。许多年过去，他可能忘记了这个决心，但这个误区却会在无形中影响他的婚姻。他的妻子取代了"妈妈"的位置，成为他生命中最重要的女人。妻子希望和他坦诚交流，而他却不肯。妻子纳闷儿，也感到不满，甚至会因为他不能在情感上与她亲近而斥责或辱骂他。这通常会加深他心中的误区成见——女人不可信赖。

这个问题会有不同的处理方法。妻子可能控制住自己的不满，善解人意地意识到自己的丈夫无法被改变。经过一定时间，在一定条件下，她可能会向丈夫证明自己是值得信任，可以倾诉的对象。丈夫还可能通过别人的帮助或心理咨询来处理自己的障碍。很多找我培训和辅导的人决定原谅母亲的行为，原谅母亲在自己试图坦陈心事时没能采取尊重的态度，之后他们就恢复了心理健康。（注：宽恕是一个极大的机制钥匙，能治愈人心，清除误区。）

但更多时候，夫妻双方或其中一方会寻求"容易"的方法来得到情感上的依靠，就是婚外情，尤其是与他／她的同事。很多找我咨询的人说一开始只是情感出轨，后来就变成肉体出轨。我们都会寻求和亲近那些坚强、有安全感、值得尊敬的人。我们天生有与人亲近的需求，我们需要安全的感情关系。

不过，在一些情况下，离婚确实是最佳选择，因为婚内不安全，有家庭暴力。但我认为，离婚不应是第一选择。我希望中国有勇气的男性站起来，做好榜样，努力构建双方都满意的稳健的婚姻关系。这意味着夫妻双方的需求、欲望、希望都能得到表达和理解。如果可能，这些需求、欲望和希望应该由伴侣来满足。这包括双方的情感、生理、性和财务需求。

假如读者是一位妻子，请别忘了你的丈夫有性需求，就像你有情感需求一样。即使生了孩子，也不应停止房事，更不能将这一点作为和丈夫讨价还价的凭借，否则就不是爱，而是操纵。同样，读者如果是丈夫，请给你的妻子与你分享她心事和感受的独立时间，认真倾听。 或许报一个培训积极倾听之类的辅导班可以帮助你成为一个好的倾听者。人有两只耳朵，而只有一张嘴，或许这意味着听比说倍加重要。再加一点，妻子和你述说大部分的事和物时，你首先要做的是倾听她的感受，而不是为她"谋划"解决的方法。

我请你爱自己的妻子，致力于表达自己，和她分享你所有的资源，包括时间、感情、财产、浪漫感和亲密的性关系。

渊心爸爸关注自己在家中打造的氛围，努力向孩子展现稳固婚姻的榜样，这对子孙后代乃至整个世界都是一种裨益。

——————————————

每一天，我们都会给孩子留下印记，我们称之为"昨天"。积土成山，昨天将指引孩子的明天。

——————————————

爱

Chapter 10

On
Love

爱是使家庭稳固的三大支柱之一。要成为渊心爸爸，须得接受爱、给予爱。我们生来为了爱，否认爱的需要是违逆人性的。正如喝水、吃饭、睡觉，你会否认这些需要吗？必然不会。健康美满的人生需要诸如此类的事物，爱也一样。

我到过不少国家讲课和培训，和许多人打过交道，我发现，理解爱的方式有很多，理解之中也有很多误区。一些人通过某种行为传递爱，例如拥抱、亲吻，或是说"我爱你"；一些人认为爱不可传递或表达，琢磨着爱究竟是什么形状。因此，我希望读者你也来思考：

● **什么是爱？**

● **爱对你意味着什么？**

这些问题或许你不知道，不想思考，这完全没问题！我并不抱有批判或期待，只是想说明对这些问题的回应于成为渊心爸爸十分重要。

因此在本章中，我将就"爱"这个话题提供一些思路。首先将与读者探讨爱的力量、爱的权限以及爱创造生命的潜能。其次，探讨爱如何将人与人相互连接，如何创造独特的伙伴关系。最后会涉及孝心与义务。

什么是爱？

这可是个大话题。我想在这里与读者开始分享这个话题，我们面对面时可以更深入地沟通什么是爱。要定义这么内涵极广泛的事物，我几乎有些胆怯。在第一章，我提到爱是被给予的珍贵的礼物——请记住这一点。爱首先要被给予，然后被接受，接着再被给予，如此往复。或许可以把爱想象成水。水从天上来，落在地上，不求回报，滋润了庄稼、田野、牲畜和人类。这样的给予与接受创造出了伟大的生态系统，这一系统继续通过自然的"授受"循环来维系。在阅读这些文字的时候，你的呼吸便是如此——呼出、吸入。这一授受循环对生命至关重要，对爱也是。

怀着对爱的神圣敬意，请允许我将爱比作一种物产。与水、空气、食物一样，爱是一种资源。爱受许多因素制约，例如雨水滋润稻田的过程，水从天上落下后，会遇到不同的地形、矿物组成、温度、土壤吸收力等。在到达稻田之前，很多事情可能发生。比如，雨水可能流经病危牲畜所在的区域，流过了受化学污染的土壤，因而雨水可能携带许多致病元素进入稻田，污染土地，种出的稻子吃下去让人生病。农夫可能会说，这也还是水，水稻也照样长。但这已不是纯净的水，没有最初的孕育生命的功能。这水从天上降下时未被污染，但受到肮脏环境的摆布，稻田接收到的就是被玷污的物质。

同样，我们可能说"这就是爱"，但你得知道，爱之所以为人所知，是由爱所产生的东西。换句话说，爱是一种创造生命的力量，爱可以是一个无穷无尽的源头散发出的无形能量，但是爱让人感知到的是其被接受和给予的方式。因此，爱首先是一种力量，一种有巨大潜力创造变化的元素，爱能改变人生，改变家人、爱人、朋友，改变一座城市、一个社会。

既然爱是这样强大又珍贵的礼物，能创造生命，那爱有哪些特质？我认为爱最起码有两个特点：善待与耐心。爱给人的感觉，就是善待和耐心。当一个人的爱不受减损地传递给另一个人时，他感受到的就是善待与耐心。

善待与耐心

善待在这里的意思不只是有善意或做善事，而是完全没有私利和私心的目的。我的一位朋友说，如果爱是善待和耐心，那么耐心就是爱所运用的，善待则是爱所给予的。让我们来探讨一下。

首先说说耐心。这里的耐心不是指谈生意、堵车时候需要的耐心，而是我们与人相处的方式，尤其是与亲近的人，也包括与我们自己相处的方式。对我而言，让我最没耐心的人其实是我自己。我以前对自己有过高的要求，没有办法实现我想要的结果，我跟自己过不去。但是，如果我对自己都没耐心，那么对其他人怎会有耐心呢？我发现，对别人缺乏耐心的人往往对自己也缺乏耐心，这就是不耐烦的源头。比方说，我们首先期待自己是完美的，接着很快就把这个标准也移用在别人身上。在自我疗愈和成为渊心爸爸的旅程当中，我意识到一个原则：当我们只重视结果而不能达到时，我们会给自己和其他人带去更多的挫败感和烦躁情绪。在这个旅程中，我选择了有意识地生活，善待自己和他人，致力于关注自己投身于事情本身的过程，而不只是瞩目结果。

假如你接收到纯净的爱，并运用之，你就能面对自己和他人的不完美和失望。为何？因为爱能等待。真爱是有耐心的。朋友，今天就做个选择吧。我希望你接受挑战，对自己更有耐心些，看看你的生活会因此有何改变。我们中的很多人依然被父母和祖父母负面的声音干涉着自己的生活，即使他们已经去世或是住得很远。他们说过的话，我们依然"相信"，并且已经内化成自己的思路了。你或许知道这些不耐烦的声音听起来如何，它们像你脑中内置的音轨，一遍遍循环，通常以"你得"开头：

你得聪明些；

你得更有钱；

你得变得更好；

你得找个门当户对的；

你得听我们的建议；

你得孝顺。

审视这些在我们脑内循环的音轨，有助于我们辨别自己需要通过爱的耐心来治疗的问题。或许将"你得"稍微变换措辞就行。那么这些话可以变成：

我将活到老、学到老；

我在不断积累真正的财富；

我任何时候都不会草率结婚；

我会花时间考虑他人的需求，有耐心，善待他人；

我会努力爱自己，然后就能以健康的心态给予他人爱，并以健全的心态敬爱父母。

一位名叫特蕾莎的修女曾言："请让每一位与你接触过的人都变得更好、更快乐。请成为上帝之善的代言：让善存在于你的脸庞、你的双眼、你的笑颜。"

我喜欢她这句名言，她鼓励我们从一个更高的角度来思考善意，从而改变世界。善意和耐心一样，是可以练习的，而且是人必须体验的。表达善意并非难事，但可能付出代价。特蕾莎修女半生都在印度

孟买关怀体弱多病、命在旦夕、无家可归的人。她历经苦难，但终其一生都有强烈的目标，甘之如饴。特蕾莎修女为世界留下了宝贵的财富。现如今，以她为信仰的组织仍在帮助成千上万的人，但人们谈论的最多的，却是她爱人的方式——这是通过善意的语言和行为为人所见的。我希望有一天能给孩子们留下一些财富，或许是产业或事业，但最重要的，作为一个渊心爸爸，我希望留下爱的财富。我希望孩子们记住的，是我对他人，尤其是对妻儿的善意和耐心。

有时，发现某物之力量的最佳方式，是思考其对立物。在这里，善意与耐心的对立物便是恶意与不耐烦。假如我们对人冷漠或无耐心，或是感受到他人对自己的冷漠和无耐心，我们会确切知道这不是爱，没有例外。假如某人冷漠而无耐心，并且表现在他的行为中，但他却说"这是爱"或"我这么做是因为爱你"时，请不要相信，那是谎言。或许这是因为他们被别人骗了，自己还相信了，于是要传递给你。简单地说，假如没有耐心、没有善意，那便不是爱。

你看到爱有多强大了吗？爱真的能改变一切，爱理应在我们生活中占有至高地位，在我们所爱之人的生活中居于首位。真爱能强大到拯救家庭与国家；爱会发展为重要的机构——学校、医院、孤儿院……朋友，你生来就应接受并给予这善意且有耐心的爱。没有比这更令人心满意足的事了。

好消息是，你有一生来练习！记住，首先试着对自己有耐心，对妻子和家人有耐心。（注：请不要对自己的要求过高，或跟他人比较"长短"。）

爱如何密切人与人之间的关系

倘若我们试着以这样有耐心且善意的方式接受并给予爱，就会开始看到爱无与伦比的黏性。是的，黏性！就像胶水、蜂蜜、口香糖或稠油。古希伯来语表达爱有一个特殊的单词，叫"hesed"，很难翻译。大致意思可以用中文以下的词来表述："善意""善良""忠诚""怜悯""恩惠"。一些人认为最接近的翻译是"忠诚的爱"。"忠诚的爱"不是一种感受到的情绪，而是一种行动。这样看来，爱是积极主动的，不仅仅影响我们内心的世界，还对外界产生影响。爱既是主动性的、又是回应性的。

这种黏性、忠诚之爱发生在人与人和谐的关系之间。"忠诚的爱"通过一种承诺与联盟般的关系，将人与人相互联结，而且不仅是简单相连，而是像胶水那样，将人结合在一起。只要双方对彼此保持忠诚、履行承诺，两人就会依靠"忠诚的爱"在一起。这种黏性的爱基于恩情，依靠稳固的联结，即便另一方"不值得"这样对待，但"忠诚的爱"不是根据另一方值不值得来决定给予与否，忠诚的爱就是付诸行动的恩惠。

这种黏性的忠诚之爱是契约中的黏合剂。单就契约"是什么"，我们就可以写成一整本书——也的确有人这么做了，写了这样的书。可以确定的是，这种历史悠久的关于人际关系的共识比任何法律合同、商业担保或协议更有保证力和效力。为何？因为这种共识内蕴于人心，而以"忠诚的爱"为黏合剂，超自然的生命创造力便进入了我们的世界。

如今在许多文化里，最常见的契约形式就是婚姻。婚姻不仅仅是为了一时需要而形成的伙伴关系，也不仅是对社会或父母的义务。婚姻作为一种基于契约的忠诚之爱，对夫妻双方都有巨大影响力，能促进个人抱负的实现。"忠诚的爱"的蕴义是两人成为一个整体，这就是

为什么婚姻中通常有改姓这一环节。当我妻子放弃她的家姓跟我姓时，她是在宣布：我们成为一体了。我所有的一切就是她的，她是我家族的一分子。她的身份由于婚姻这一契约仪式而改变。但婚姻之所以伟大并不在于婚礼、结婚证、姓，而在于我们对彼此做出的忠诚于爱的承诺。是我们所拥有的"忠诚的爱"让我们致力于抚养三个孩子、耗神经营一个家庭，日复一日地享受生活。

中国男性，尤其是做父亲的，你的儿女需要从行动上看到这种黏性的爱。他们需要你对所爱之人展现忠诚。他们需要你向他们展现什么是善意、有耐心的爱。我相信你可以做到，相信你能改变你的整个国家——从改变家庭开始。

孝心

我们为这本书拍摄了一部短片，通过故事情节的发展更深入地讨论孝道、父与子的关系。我们希望读者对我们分享的话题进行回应。

孝心和对家庭的义务是我要和你讨论的最后一个问题。确实，这是个重大复杂的问题。我认为孝心有不同类型的黏性。假如说婚姻是依靠强力胶粘合的，那么了解亲子之间的联结力是怎样的，是十分重要的。在本书中，你会发现一种独特的学习当父母的方式，与你此前体验过或见过的都不一样。

我不认为养孩子会形成一种义务或契约，让孩子一定要如何回报我，或是我可以用某种方式留住孩子。我相信对孩子进行投资是我的义务和荣幸，然后便放手让他们奔向自己的命运和未来，不需要对我有任何义务感或负债感。但你可能说："我需要我的孩子。"或者可能会问："孩子的职责难道不就是回报父母之恩吗？我自己反正是必须这么报答父母的。"关于你对父母的义务感以及你可能采取的育儿方式，请允许我提出一点质疑。

什么样的联结性适合于父母对孩子的爱呢？让我问问你，假如你需要人养育，你是希望获得一勺蜂蜜，还是一块口香糖？我认为所有人都会认为蜂蜜是更健康有益的选择。蜂蜜是一种自然物质，口感宜人，适合消化，强身健体。而口香糖则是合成物，毫无营养，不可食用。口香糖会黏在马路上，会弄脏地毯。假如我想，我可以给你一块口香糖，等你嚼完了再向你要回来。我知道这很恶心，但我想说的是，就联结性而言，蜂蜜比口香糖更好。

假如一定要让我选择自己或孩子的头发上粘上什么东西，我宁愿选蜂蜜也不要口香糖。但问题是，很多人从自己父母那儿获得的黏性之爱就像口香糖——不仅如此，还是被嚼过的，还粘在了头发上，紧贴着一大块头皮。你要是在头发里发现口香糖后，有两个选择：连着头发一起剪断，或是试着用什么溶剂消除。两种方法都不容易，也不愉快，可以说是很麻烦，很棘手，甚至很痛苦。

那么，这千千万万的孩子是如何走到今天这步田地的？我说的可能就是你，因为你也是你父母的孩子。可能许多人的感觉，就如同某日醒来，发现头发被什么粘在了枕头上，一照镜子，见一大块口香糖牢牢粘在头皮上，似乎永远也除不掉。"怎么回事？"你心道，"我可不想要这黏糊糊的玩意儿！"想象一下，你给父母看头皮上的口香糖，却被告知，这是他们给放上去的，而且是从他们父母那儿接手来的。"一直都是这么做的。"他们说。这句话，我与世界各地的人聊这话题时反复听到。"一直都是这样的。"但我想说，可以不这样，尤其是在子女孝顺的动机问题上。

我认为孝心是一个美好的概念，但孝心似乎已经偏离了最初的忠诚之爱的含义——对年老父母的养育应是出于荣幸、发自内心的愉悦，并且是自由选择的。现在，照顾父母这件事带上了一丝扭曲的义务感、黏性和随之而来的憎恶。这种困境的有趣之处在于，因为一直都是这样的，口香糖的存在已经变得正常，即使你头发里带着它给生活带来的诸多不便，你却仍然将它粘在你孩子的头发上，因为"一直就是这样的"。

我希望再次向你吐露心声。我明白，如何赡养老人的问题，涉及文化、社会、传统和经济因素。任何社会里，照顾鳏寡孤独都是高尚的事业，丢下老人不管是不对的。但是，我不认为孩子一出生就对父母有某种不可逆转的、伴随着亲子关系而来的亏欠或是无尽的责任，似乎孩子必须回报父母的付出和牺牲。我想我们应该给孩子一种像蜂蜜一样的爱——这种黏性的爱是滋养身心、愉悦性情的，通过善意和

耐心产生联结；而不是像口香糖那样，以义务为联结，使人因羞耻心而害怕、焦虑。

　　我知道许多人和我一样关心亲子关系被扭曲的问题，担心亲子机制成为口香糖而不是蜂蜜。1919 年，中国的鲁迅曾经就自己养育儿子的经验谈论过这个话题。他一针见血地指出，如果一位慈善家为了让贫苦儿童受良好教育，向一所学校慷慨解囊，这不意味着因此而获益的儿童要带着义务感成长，要回报这个送礼的好人。礼物既是礼物，就不应该指望在未来成为别的什么。如果一个礼物隐藏附带着什么债务，那就是骗术，这礼物不是真正的礼物，而是一个契约。礼物就成了谋财害命的污水，成了口香糖而非蜂蜜。为此，鲁迅指出，如果家长提供一个滋养身心、稳定有爱的环境，孩子自然会以爱回应父母，这才是真正的孝。我完全同意！

我知道这是个宽泛复杂的话题，寥寥数语恐怕会让人误以为这是我对家庭和孝道的终极判断。类似这样的话题不仅需要书面表达，还需要人际讨论——例如在工作坊进行交流和指导。我们寻求的不是一劳永逸的方案，而是同好与友人，我们的人生价值观是爱、安全感与诚实。这就是我的心声——我愿与各位交心。我还有许多东西要学，但也有许多东西可以给予。我期待未来我们能找到一个方式，跨越文化、时间和语言的障碍互联互通。

最后，对于想成为渊心爸爸的你，我想提几个问题：

● 你决心要给他人什么样的爱？
● 你的爱会是耐心而善意的吗？
● 你对配偶的爱会是富有生命力的忠诚之爱吗？
● 你对子女的爱会如蜂蜜般滋养吗？
● 你对孝顺有什么新的想法和看法？

只有你自己能回答这些问题，也只有你自己能尽心尽力、日复一日实践这样的爱。万事开头难，但我向你承诺，你将收获甜美的果实。

第11章

身份感与父爱的缺失

Chapter 11

Identity
and
Fatherlessness

171

倘若你作为一名父亲却不能常伴孩子左右，我希望本章能鼓励和促使你重新回归父亲的角色，让你成为子女生命中的珍宝。

过去五十年中，西方社会各类问题频发——暴力事件、自杀、药物滥用、吸毒成瘾、身心疾患，等等，人们的生理健康方面也遭遇癌症和学习障碍等挑战。

这些问题成因复杂，然而学术研究揭示出了一条线索。这些劳民伤财的个人与社会问题都与一个问题的凸显相关：父爱的缺失。父亲的陪伴越少，孩子越容易吸毒并出现暴力行为、学习障碍和心理问题。

这件事证据确凿。孩子成长过程中如果缺少父亲的身心陪伴，对家庭、国家都是巨大灾难。父爱的缺失已逐步侵蚀着西方社会，并同样威胁着古老的东方文明。力挽狂澜迫在眉睫，因为或许只要十年，这个社会问题就会愈演愈烈。

现在，西方社会为了解决父爱缺失的问题而采取另一个极端的措施：母亲全职外出工作，而父亲成为家庭"主父"，以此"解决"了该问题。这反而制造了另一个更大的问题。孩子是同时需要父亲和母亲全身心陪伴的。在孩子不同的成长阶段，需要父母亲全身心陪伴的时间不一样，但父母不可以长期缺席。因此，希望我们不是试图潦草地找一个解决方案，以快速处理为原则，表面上解决了"问题"，但实际上制造了新的矛盾，产生了更大的社会问题。我们必须挖掘问题的根源，从根本上解决问题。

贵国祖辈先驱呕心沥血打下的基业可能因此而旦夕毁灭。为说明采取紧急行动的重要性，以下提供一些研究数据。（注，以下数据来自亚当·米尔纳、史莱福、格林姆 - 华沙尔、马尔克斯等人的研究成果，谨此致谢。）

数据

• 早年缺失父爱的孩童的数学能力将弱于口语能力。这些孩童通常难以调整自己以便与他人相处——虽然父爱缺失并非这一问题的唯一成因。

• 缺失父爱的女孩更可能认知发展缓慢、在校成绩不佳。

· 缺失父爱的女孩更渴望男性的关注，与同龄男生有更多肢体接触。她们对父亲和其他男性持有更批判的态度。由于父爱的缺失，她们不断寻求安抚，总是需要男性的接纳，寻求男性的注意。

· 缺失父爱的女孩在青春期时更容易发生婚前性行为、与人同居、怀孕、流产。

· 父亲对女儿的直接拒绝是许多女同性恋关系的诱因，这一诱因比女孩对父亲男性角色的身份认同更为重大。

· 缺失父爱的男孩比正常男孩参与犯罪活动的可能性增加一倍，而如果他生活的社区周围单亲家庭较多，其犯罪可能性增为三倍。

· 低收入双亲家庭的孩子在校表现比高收入单亲家庭的孩子更佳，前者成功率比后者几乎多一倍。

· 缺失父爱的男孩在建立社会性别身份和生理性别角色方面有更大障碍。

· 缺失父爱的女孩有更高的可能性走向自杀、无家可归、精神失常。

· 63%的自杀青少年来自没有父亲的家庭。

· 90%的离家出走儿童来自没有父亲的家庭。

•85% 的行为失常儿童来自没有父亲的家庭。

•71% 的高中辍学少年来自没有父亲的家庭。

• 药物戒毒中心 75% 的青少年来自没有父亲的家庭。

• 政府管教机构中 70% 的不良少年来自没有父亲的家庭。

• 监狱里 85% 的青年来自没有父亲的家庭。

• 没有父亲的孩子接受高等教育的可能性比普通孩子低 20%。

我们是怎么沦落至此的？

　　对美国和澳大利亚这样的西方国家来说，父爱缺失问题在两次世界大战期间开始萌芽。战争夺去了许多父亲的生命，幸存归家的男子身心受创，无法正常照看子女。一个世纪之前发生的工业革命带来的消费主义已成为社会主流。接下来的几十年，贪欲和不计代价的"进步"逐步销蚀着以家庭为坚固纽带的社会结构。离婚率上升，夫妻日益疏离，缺失父爱的一代人成长起来了。仅七十年内，我们不仅在战争中失去了无数的父亲与儿子，还造就了支离破碎的三代人。

中国这七十年并未惨遭如此不幸，但类似的问题也已初现端倪。西方世界缺乏父爱的第一代人是在"一战"后的二十世纪二十年代产生的。以二十年为一代，西方在这条路上已经走了将近六代。

如今中国面临着机遇与挑战。你们或许会重蹈覆辙，也可以走另一条路，这需要顽强勇气与崇高精神。下定决心改变中国，甚至改变世界吧。

贪欲与消费主义虏获了现代社会的心，使之付出了巨大代价，这一点想必你不会否认。

要补救错误，扶起将倾的大厦，该怎么做？回家吃晚饭、多关心家人，这些足够吗？的确，这些是良好的开端，但不能止步于此。父亲拥有母亲不具备的特殊权威和能力。（母亲也拥有父亲没有的能力，例如，母亲出于天性会养育、安抚子女，能给人以内心深处的平和与安全感。）那么父亲能做哪些母亲不能做的事呢？**我认为父亲有能力帮助孩子树立身份感，也有能力摧毁之。**伴随这一能力与权力而来的是责任。母亲能树立安全感和滋润感，使孩子感到"我很安全"；父亲能树立稳定与身份感，让孩子心灵稳定，认识到自己是谁，使孩子感觉到"我就是我"。

我就是我

我展示了父爱缺失的相关数据，那么父爱会带来什么呢？ 格林姆 -

华沙尔指出，父亲在孩子成长的以下方面作用重大：

● 父亲帮助孩子培养勇气和独立性，促使孩子探索世界、大胆创新；父亲的决断力和勇气是孩子学习的对象。

● 父亲拓展孩子的视野；孩子通过父亲的职业与"外界"接触。

● 父亲有"应急"作用，能够辅助母亲，帮助减压，能在危机时刻救助母亲。

● 父亲在纪律上要求更严苛；对"借口"的容忍度更低，在孩子成长的各个阶段要求更高。

● 父亲作为男性，对子女的尊重能促使子女在一生中和其他男性从容相处。

要知道，父爱缺失是西方世界当前面临的最紧迫的社会问题，其后果远远不止于带给孩子某种遗憾或不快。父爱缺失正在切断西方社会的纽带。消费主义使社会付出了惨痛代价，工业发展牺牲了家庭，一代又一代人在缺乏父亲陪伴的情况下成长起来，不停地问"我是谁？"却毫无头绪，最终，只能依靠财富、地位和物质消费来弥补和"建构"身份。汲取西方的教训，其他国家可以避免重蹈覆辙。

假如一个人可以昂首挺胸地说"我就是我"，他也就能说"我很充实""我有价值""我值得尊重"。倘若我们能这样肯定自己的存在，我们也能认可他人，不需要通过寻求外物来找到安全感、价值感、存在感和社会归属感。如果父亲有意识地帮孩子建立归属感，子女就能茁

壮成长，因为内心的富足是任何财富或社会地位无法换取的。

请考虑以下问题：

● 你的父亲是否在你内心树立起了充实感？如果是，他是如何做到的？
● 渊心爸爸如何帮子女构建稳定有力的身份感？

渊心爸爸有意识地树立孩子的身份感，他们知道这是千金换不来的，不能靠衣服，靠学校教育，靠社会地位；不能靠成就、奖励或证书。只有持久的爱意、关注、身心陪伴、鼓励、祝福和认可才能建构强大的身份感。渊心爸爸知道要给予这些精神支持是不容易的，因为消费主义正在通过谎言形成燎原之势，人们以为自己若是不穿某个牌子的衣服、不开某种车、不住在某片区域，就缺乏什么，人们以为那些就是身份的认可。然而，有钱、从众绝非充实的标志。

当然，作为父母，精神方面的努力与创造财富并不矛盾。实际上，贫穷将危害孩子的身心发展。但是财富须得以理性使用，财富应该为我们买来更多时间陪伴子女，让我们对他人慷慨不吝，让我们能够教给孩子关于慈善、慷慨与社会责任的理念。请勿以物质财富取代我们真正的财富。与孩子构建稳健的关系，创造难忘的回忆，这些都是金钱换不来的。这些回忆能给予孩子内心以力量，让他们勇敢坚强地面对未来的挑战。

我惊喜地发现，因为我的孩子经常看见我和妻子把衣服、家具和钱分给需要的人，他们也变得慷慨大方。他们不会索取更多金钱，因为我们已经提供了一个安全有爱的家庭环境，这是金钱买不来的，虽然钱有助于维持这一环境。孩子们在年幼的时候就学到了，为有需要的人提供帮助是一种快乐，他们成了倡导分享财富的经济学家。

我在中国与父亲们沟通时，他们常常提到这一句流行语——"复合型人才"，这是形容多才多艺的人，能适应社会发展的不同走向和挑战，有责任感，有很高的情商，有左右逢源的社交能力，可以带领多元化和包容性的团队，管理中外的项目，等等。如果我们希望下一代有这样的品格，而只单一地依靠学校教育、补习、多样复杂的课程，将是天方夜谭。我跟父亲们结束讨论时，他们意识到，复合型人才的品质不可能来自书本或依赖于教育系统，而必须用父母的内在品格去培育与塑造孩子的品格，使之成为复合型的人才。相比花费大量金钱将孩子送到高等院校或出国，最好的投资其实是投入更多时间与孩子身心陪伴。这确实是一种在现代失落的艺术，叫"建立关系"。

渊心爸爸还知道，自己的生活方式会引导孩子。假如一位父亲和亲友吃饭时总是谈论自己的工作成就和财富，他在给子女传递什么信号？假如子女看到父亲总是在关心自己的车干净与否，如果孩子用好奇的手指弄脏了车窗，他就出言责骂，那么孩子会产生什么感受？假如父亲为了保持服饰整洁，不愿抱起女儿，让她不小心跌倒在水坑里受了伤，那这个小姑娘会产生什么想法？

我可以直接告诉你答案，我辅导过许多有童年创伤经历的人，他们内心深处一致认为：爸爸关心他的豪车和衣服胜过关心我。

父亲的生活方式会直接影响到子女。例如，手机与电脑这些高科技产品，已成为现代生活每天的必需品。虽然这些产品带来方便，是工作的必用品，但若我们不慎重管理，它会夺走我们与孩子分享生活每一处风景的好机会。我的选择是有意识地调整我的生活和工作方式，

把工作与陪伴孩子的时间分开。当我跟孩子在一起时，我就关上电脑和手机，以此来调整自己做事的标准，让孩子真正感受到我重视和关注他们。孩子会感受到父亲接纳他们，乐意与他们共享时光，倾听他们的心声。做这件事情是不容易的，但我认为是非常值得在孩子身上的投资，因为树立孩子的身份感至关重要，比工作、电脑、手机都重要百倍；当孩子长大后，就再难弥补这段时光。

身份感建立之后

当一位父亲能将自己的身心奉献给家庭，孩子会心安，知道自己被爱着，被重视。这是第一步。很多人的工作需要不时出差，这并不是一件错事，但要掌握平衡。只要有可能，有意识地在家里培养与孩子共度安宁时光的习惯，和孩子吃饭聊天，问问他们这一天发生了什么、关心他们的朋友，谈谈对他们重要的事情，让他们分享他们的情绪。你也分享你觉得有趣的事，说说你自己这一天过得怎样，告诉他们祖辈的故事，说说你的感受，一起计划假期，为孩子送上祝福，晚上送孩子上床睡觉，和孩子一起读书……所有这些就像一片片砖瓦，一天天、一点点累积在孩子心中，逐渐构筑起他们的身份感。

你的子女可以成为更好的学习者、倾听者，更优秀的家长，更好的公民。

你的努力与对新型生活方式的选择将减少他们爱上毒品、购物、电游、赌博和色情的可能性。

你的子女将更加身心健康，更具有作为人的价值感、重要感和自豪感。

你的努力将减少他们追星、施暴、反叛上层的可能。

你的子女将选择更好的伴侣，更可能维持稳固的婚姻关系。

各位中国的父亲，这一切从你而开始。

此刻，你将做出选择。这些选择影响你的价值观，决定着你想要在子女心中构建怎样的身份感，引导他们走向怎样的未来，实现他们的梦想。

莫忘的风俗

Chapter 12

A Lost
Practice

古代有一个风俗：为他人的生命送上一句祝福。这个风俗值得尊重并汲取其内在的精髓，这个风俗能赋予他人巨大的力量。这一风俗有几千年的历史。在许多东方文化里，人们在人生的关键节点进行祝福——新生、婚礼、成年、离家、达成重大协议——这些时间点通过祝福被记录下来。

但西方社会已抛弃这一传统，这对其文化是重大的损失和伤害。为他人送上祝福，尤其是为亲近之人祝福，你会发现祝福对他人的人性——包括其身份核心——有深刻影响。

祝福的力量令人震撼。

在关于爱的章节里，我用蜂蜜和口香糖展现了黏性的爱。在这里我再次以食物为喻——这次用苹果。我写作的此刻，桌面上碗里有红苹果和绿苹果。我想提个问题：苹果为什么是苹果？

苹果有很多种，据说有 7,500 种，它们颜色各异，有的甚至不能生吃，有的成熟后颜色未必鲜艳可辨，但都是苹果。而它们又因为各有某些特性，从而分属于不同种类。因此，无论大小、质感、甜度、颜色、来源国、成熟度，它们都是苹果，因为它们都来自苹果树，而那棵树是从一粒苹果核长成的。

为何有这么多种类？这对科学家来说是个有趣的问题。但我们可以负责地说，尽管不同的气候、嫁接方式、基因转变和时间操作创造出不同种类的苹果，但每一只苹果都携带有苹果的身份，因为那是苹果最深处的基因核心。

那么人性最深处的核心是什么？人因何为人？是否和身材、肤色、年龄、外貌、教育程度或智商有关？我认为所有人都拥有基本的**尊严**，无论上述特征如何变化，都能够被视作一个人。

这就是为什么祝福的习俗如此重要。祝福为他人的生命带来繁荣，使世界欣欣向荣。

人生而有之的价值

我们祝福他人，就是在以一种面向转变的方式传递爱和价值。我相信每个人无论做什么、怎么做，他这个人本身都值得获得祝福。

祝福人（而不是他的行为）

这并非意味着我认同他人的所有行为，为他人的所有决定送上祝福，而是说每个人本身都值得祝福。首先，祝福你的妻子，她是你心爱之人。其次，祝福你的孩子，他们是你身体的果实。最后，祝福你的亲人，尤其是你的父母，他们用自己的生命创造出了你的生命。

祝福不是奖赏；祝福是对个人内在价值的肯定。

你获得重视，因为你是一个人。

你重视妻子，因为她是你妻子。

你重视你女儿，因为她是你女儿。

你重视你儿子，因为他是你儿子！

请让我与你分享和解释为何人人都应得到特别的祝福。所有人，因为生而为人，就值得珍视。既然如此，我们都需要切实感受并接受这种珍贵的价值的赋予，尤其是在青年时期。他人为我们祝福，认可我们生而为人的存在，此举具有激发生命的力量。

很多人或许有过截然相反的体验。当你重视的人，可能是亲戚、老师或其他人，对你恶言相向甚至施以暴行，你一定感到哀痛难忍。我辅导过许多人，他们至今还在努力证明自己并非没有希望、无可救药、大错特错、有辱门楣。但另一方面，把孩子当成王子公主来养，任之予取予求，也不是在为他们祝福。

古老习俗

我通过旅行、研究古代文化，发现许多文化中都有祝福这一习俗。例如，中国人会为房屋祈福、为食物祈福、在婚礼上祈福。

我最喜欢的习俗是犹太人每星期的祝福，这一习俗他们延续了世世代代。每周五，全家人共进晚餐，在这一特殊时刻，父亲为妻子和每个孩子送上祝福的话语。

父亲置手于孩子头顶，口诵一段古老的经文，为孩子祝福，这祝福可能与孩子的姓名、性别有关，与孩子的天分、未来和贡献相连。仪式的最后，父亲通常会亲吻孩子的头顶。这样的祝福内容绝不包括任何命令、要求或是隐含的图谋。

想象一下你的童年，假如每星期都能获得这样的肯定，这样的爱意和关注，会是什么感觉？祝福的核心不在于孩子的外在特征，而在于他作为人的**价值核心**。

这并非某种程序，我并不期望你每周五晚上都一定要这么做，你可以自行选择，但重要的是形式背后的真心，是背后的信念让孩子的

灵魂一天天茁壮成长。父亲发自内心的、持续不断的、直接坦率的祝福，对孩子的发展，尤其是其身份感的确立，有如此大的影响。

我做了一点统计，发现犹太少年到离家的那天为止，将收到约一千次来自父亲的特别祝福。实际上，这样的祝福在他们独立后依然以某种形式继续着！在家庭聚会上，祖父会为儿孙两辈人送上祝福。孩子获得父亲对自己的认可和祝福，其效果是惊天动地的。难怪犹太这个古老的民族拥有一种极具魅力的身份感和使命感。遭受了迫害和压制，他们依然能以顽强之势崛起、繁荣。你知道吗，虽然犹太人仅

占全球人口的 0.2%，但 22.5% 的诺贝尔奖得主都是犹太人，例如爱因斯坦和基辛格。犹太人不仅在教育和创新上领先，在商业、金融和信息技术领域也首屈一指。

　　一些敏锐的中国人近来也看到了犹太人的成功，好奇他们"是否有秘诀"；他们这些年是如何保持昌盛，占据产业领先地位的，甚至在战争和被压迫时期都是如此。很多人，包括我，都真心相信，他们祝福的习俗对于这个民族头脑和思想的繁荣意义重大。想象一下，每个星期你的父亲都真心实意地赞美你，祝福你。这就是那种滋养灵魂的如蜂蜜一般的黏性之爱；没有口香糖，只有爱、接纳、自由和祝福。假如你在离开家之前已经接受了父亲一千次的祝福，你很难不以自信、自重的心态面对世界。这对一个人身份感的确立影响重大。

我们或许会一边成长，一边和父母说自己想去银行工作，或许某日可望成为银行经理。而犹太姑娘和小伙儿则或许怀揣着成为银行总裁的想法长大。你可能从小就渴望去好莱坞工作，成为一个像成龙那样的影星，而犹太孩子或许梦想的是拥有好莱坞制片厂和电影公司。他们还真的做到了！

无论孩子做了什么，他们都能获得这种无条件的祝福，这深刻影响了他们的人生。即便一个女孩功课不努力，没通过考试，依然能获得祝福。（当然不是庆祝她成绩不好，而是祝福她这个人本身。）即使一个男孩把自家弟弟的鼻子打歪了，这两个孩子都依然能获得祝福。（当然不是庆祝打架，而是因为他们是父亲的儿子。）

为什么？
因为：
祝福不是一种奖赏或交易。
父亲祝福子女，是肯定他们内在的价值。
（补充：渊心爸爸应当管教子女，但这是另一回事。即便孩子做错了事，父亲也依然会祝福他。）

渊心爸爸定期祝福子女，因为这是正确之事。这不仅改变子女的生命，也改变作为父母的我们。我们被迫抛开错误，丢弃失望与期望，这样才能看到子女生命中真正的宝藏和潜力！

践行理念

实际上，我和妻子五年前发现了这一特殊的祝福习俗，这一发现改变了我们的生活。我们定期祝福孩子，或是在餐桌上，或是在睡前。我们还彼此相互祝福，这加固了我们的婚姻，拉近了彼此心灵的距离。这样真诚善意的言行深化了我们之间如蜜的黏性之爱。当你在生活中创造出祝福的氛围，一切都将改变。恶言恶语将会减少，你会对所有人——家人、同事、陌生人——都更加友善。祝福的力量真得强大如山。难怪犹太人如此聪慧、成功、懂得创新。祝福的习俗使他们世代昌盛。

本章需要读者思考的话题很多。你有可能在读到祝福的内容时想到了自己的童年。你或许会想："啊，如果我爸爸这样祝福我，一定很棒！"

一些读者会发现自己的父亲甚至从未对自己说过鼓励的善言，可能他几乎不怎么和你说话，即使有，也是发号施令，语气疏离。我曾经在中国对一些人聊起过祝福这个话题，那是我做的公司培训的一部分。我没有就这个话题长篇大论，但一些员工深感好奇，对我所言的亲子之道深受触动。第二天，我在做一对一辅导时，两位员工到我工作所在的董事会会议室来。这两位二十多岁的女士眼中含着泪和我讲述了她们的父亲与自己的关系多么疏远，她们几乎不怎么了解自己的父亲。她们从未听过父亲说"我爱你"。我问她们可否允许我为她们送上简单的祝福，她们同意了。于是我越过办公桌握住了她们的手，柔声道：

"我不是你们的父亲，但我以一个父亲的心声祝福你们。你们是无价的瑰宝。我很遗憾你们的父亲没能在你们成长过程中将这些告知。现在，我为你们送上祝福。祝福你们作为女性、作为中国公民、作为这个公司的员工而存在。我为你们的天赋、才华和能力感到高兴。我祝愿你们拥有美好的希望和精彩的未来，祝愿你们以勇气和力量走向自己的命运，不论走向何方。"

我说完这些祝福，她们擦干眼泪。我问她们是否想要一个拥抱，一位女士激动地再次哭泣起来，说："我爸爸从没抱过我。"

我的翻译向她们说我是一个值得信赖的人，那位女士答道："我知道，我能看出来。"于是我拥抱了她，让她将哭泣的脸埋在我胸口。我将手置于她的头顶，告诉她，假如她是我女儿，我会因她而骄傲，她如今出落成了这么优秀出众的女孩。她仍在哭泣，羞愧地退出我的怀抱，说抱歉弄脏了我的衬衫。我看着她的眼睛告诉她，我很荣幸能为她送上祝福。另一位女士也希望拥抱我，于是我们重复了上述过程。那天她们离开时像变了一个人，仿佛不知不觉间重获生命和希望。

我为成百上千人送出过这样简单的祝福，每当这时我都深受触动。

能这样做是无上的荣耀。

渊心爸爸无论走到何方都能治愈世界。你或许不准备生孩子，你或许已经和成年的子女分居，但没有关系，你唯一要做的就是成为一个有爱、让人有安全感、诚实的人。假如你有一颗渊深的心，有改变世界的渴望，我希望你能实践祝福这一习俗。祝福不是为了获得什么，而是单纯地给予——赐予生命、确立身份感、帮助他人更好地发展。

感谢你选择阅读本书，这是我用了数年写成的，书中所述皆为本人亲历。我希望本书能为你带来启发，能激发你做出有意义的转变，承担必要的责任，尤其是身为父亲的读者。

你对世界的影响有多大，你能想象吗？

中国的男性占世界人口百分之十，如果人人都朝前努力，对未来一百年产生多大的影响，你能想象吗？你看，中国男性之众多，所拥有资源之丰富，必然影响全球。无论你愿意与否，你每日做的决策，都在深刻影响世界。

我写此书，是希望我的孙子孙女能活在一个比现在更好的世界里，希望你的孙子孙女、侄子侄女和他们的子女能活在一个更好的世界里：以爱、诚信和安全为标志的世界；而不是仇恨、谎言和暴力。

当上爸爸并不需要人指导。在很多国家，从生理角度来说，当上爸爸比大学毕业还容易。但要成为一位渊心爸爸，一位顶天立地的爸爸，是世界上最艰苦卓绝、激动人心的挑战，需要自我奉献精神。作为渊心爸爸的孩子是一种福气。这个选择不容易，但朋友们，我们可以做到！我们也不用一个人承担，我们可以彼此守望相助。我之前提到，我有计划地与健康优秀的父亲们构建友谊的平台。我们在这平台上常常交流和分享心得，做出健康的决策，应对父亲这一角色在承担职责中所遇到的挑战，互相学习，互相成长，彼此勉励。

朋友，当我们做出选择时，我们就可以做到。虽然不容易，但值得一试！

我希望随书为中国所有男性送上以下祝福，尤其是为担任父亲角色的读者。无论你在家、在单位还是在社区，我希望在本书最后嘱托和祝福你成为一名渊心爸爸。

一位你的妻子需要的丈夫。
一位你的孩子需要的爸爸。
一位作为"十佳父亲"出现在国际杂志封面上的爸爸。
一位你的祖国需要的爸爸。

朋友，今天我为你送上祝福，愿你走入世界，成为中国此刻需要的一位渊心爸爸。我祝愿你拥有力量和勇气去爱，去启发，去治愈你所亲近之人。我想让你知道你是多么珍贵、多么有价值的人。你的出生不是意外或是错误，而是上天的安排——要让你成为真正的自己，从而成为健康完整的人，为世界做贡献。 我祝福你，愿你知道，你拥有你所需要的一切，你能够为你的家庭、社区带来福气，能够为祖国的未来尽力。

如你是一名父亲，我祝福你拥有爱子女的智慧和能力，我也祝福你的子女。

如你是一位丈夫，我祝福你拥有对妻子忠诚不渝的勇气，也祝福你的妻子。

如你是一位领导者，我祝福你在你的团队中创建诚实可靠、安全稳定、互相关爱的文化。

如你是一位政府人员，我祝福你拥有足够的智慧，通过你的管理、关怀和创新，带领整个国家的渊心爸爸，改变这个世界。

祝福你，中国男性！

Shalom！（中文直译为：一无所缺）

第13章

犹太父亲对父爱和赐福的看法

大卫·福尔萌（嘉宾作者）
美国约翰霍普金斯大学讲师

Chapter 13

A Jewish Father's
Perspective on
Fatherhood
and
on Blessing

我很欣慰地看到一位父亲根据现代研究、统计学所证实的理论，自己的亲身经历，以及数年在中国研究和实际调查的结果而写成一本关于父亲的角色与如何做父亲的书。我也很荣幸被邀请在这本书里分享我们犹太文化对父爱与祝福的观念。

做父母的一件大难题在于没有可以按部就班遵循的指南手册来养育孩子。我很欣赏作者的一点，是他提供的并非是某种方程式，而是一系列的根本原则。他提出做父亲应当有爱、诚实，给人安全感，这与我对父爱的理解和认识相呼应。我想从我们犹太文化出发，和读者分享对做父亲和祝福的认识。

作者保持了数年的为孩子祝福的习惯，这让我惊叹不已——犹太人世代以来都是这么做的！身为七个孩子的父亲，他们是我生命中最大的成功，我的满足与喜悦都来自他们。我们依照犹太传统做的一切事情都来自《摩西五经》，这是我们的生活指南！其中是否有关于养育孩子的教导？有！短短三行字，却囊括了育儿的一切原则。

这三句话是什么？给我们什么指导？

这是几千年前上帝赐予以色列犹太人的祝福，自那以后，犹太人继承了这一传统，用这三句话来祝福我们的孩子。这一习俗保佑着我们的民族和国家，延续我们的文明，历代挺立不倒。这些话语不仅仅是祝福，也可以用作育儿的原则。

《摩西五经》的修辞和造句艰涩难读，首先，它是诗歌；其次，它最初是以古希伯来文写就的。从最广泛的意义而言，这些诗行表明上帝应当在我们生活中施加积极影响，但我们能否更进一步明确懂得这种影响是什么？在现代的社会还有用吗？

这三句诗的意义是渐进的，彼此相互联系，就如同台阶一般，一步步指引我们如何育儿。

第一句祝福是：愿上帝祝福你，护佑你。

你或许要问，"祝福"是什么意思？这是一个令人振奋的词，我们能否明确其含义？

"祝福"的内涵并非含糊不清、不可捉摸，而是带有具体的"增长"之意，和"繁衍"相关。我们请求上帝的祝福，是在请求他促进什么东西呢？

如何成为优秀的父母？首先得祝福自己的孩子！努力增强孩子的力量，以尽可能地让他们茁壮成长，这是做父母的基本职责。让孩子拥有强健的体魄，这要依靠滋养性的食物；让孩子拥有充实的心灵和坚韧的意志，让孩子拥有智力，这需要我们教导他们，提供高水平的教育；让孩子增加道德感，这需要我们以身作则，从方方面面引导他们分辨是非；让孩子拥有自给自足的能力，能养活自己的家庭，这需要我们提供给他们工具，使其学会一门技能或手艺。

父母的根本职责是以各种方式尽可能地促进孩子的发展，但这不是第一句诗所表达的唯一含义，因为与"祝福"并列的还有"护佑"，这意味着保护、监守。

父母祝福孩子，同时也守护孩子，确保其安全，为其遮风挡雨。有的危险来自外部，你可以教导孩子遵守规则，例如过马路要走斑马线，要注意两侧车辆；有时危险来自内部，孩子可能朝着不可挽回的方向偏离轨道，这是家长需要教导孩子的地方，家长要保护孩子免受伤害，包括孩子自己对自己的伤害。但是教导只是维护孩子周全的一种方式，重要的是教导背后的原理和道理是什么。管教孩子不是为了满足自己作为父母的某些需求——不是因为孩子让你当众出丑了，或是担心邻居看到孩子这么做会对你家有什么看法。这种教导是为了自己，而不是为孩子。正确的动机是为了让孩子健康成长而监护他们。这些是育儿的首要原则，但还没完。

第二句与第三句的诗句为：

让上帝的面容照耀你，赐予你力量；

让上帝向你抬起脸，赐予你平安（shalom，希伯来语含义为"一无所缺"）。

这三句诗讲述了育儿的不同方面，语义层层累加。只有做到第一层，才能往第二层走，接着才能踏上第三层。最基础的阶段是祝福、保护孩子，接着你拥有通往第二阶段的能力，直到你掌握了第二阶段的要诀，你才有办法到达第三阶段，才能与孩子建立充实而热情的关系。

每个育儿阶段都对应着孩子生命的某个时期，不同的成长阶段有不同的适宜方法。

育儿在孩子出生之前、在子宫里就开始了。子宫正是一个可以增长的器官，其根本功能是创造出一个胎儿，之后胎儿变成一个婴孩。这就是祝福这一理念的源头，而子宫也是"保护"和"守候"的源头，因为子宫提供了一个不受污染的环境，为孩子遮蔽一切伤害。子宫给予一个让孩子安全成长的所在。

家长对孩子有两个职责：一是守护，一是促进其成长。这两件事都始于子宫。祝福和守护这两项职责可以用一个希伯来词语表达，这个词来源于"子宫"，而"子宫"的希伯来语是 Rachamim（意为：无私恩惠的情感）。

家长对孩子的情感和恩惠，在希伯来语里也叫作 Rachamim，这种情感就是同情。同情某人意味着什么？ 意味着滋养他，助其成长，护其周全。这正是子宫所做的，这正是同情的含义。但同情不是父母能做的唯一之事，能做的还有很多，同情只是做父母的基础，我们可以往上构建更多，这就到了育儿的第二阶段。

所以家长对孩子的基础义务是：给予孩子生命、强健其身心、为他遮风挡雨。这些是贯穿终身的义务，从孩子在子宫里就开始了。子宫其实是保护养育孩子的典范。在守护与滋养——或者说同情——的基础上，我们迎来另一种父母与孩子建立关系、赐予其爱的方式。这三句诗其实表达了父母亲对孩子的三种不同的爱。

对子女的三种爱

第一种是同情。同情这种爱是为了获得"回报"而给予的，是有条件的。我是为了把你养大，我有一个目标。所以在理论上，同情（Rachamim）不是无条件的爱；唯一的"回报或条件"就是希望孩子长大成人。

第二种对子女的爱是无条件的爱——无偿给予，不论值得与否，没有目的，是为了爱而给予的爱。我爱你，因为你是我的孩子，我看着孩子就情不自禁地微笑，这是每个父母在与孩子对视时都体验得到的那种爱，那种忍不住弯起嘴角的爱。这种爱来自过去，来自我为你付出的一切。我把你养大，用子宫保护了你十个月。看着你，我就想微笑。当孩子诞生，父母将他高高举起，凝视着他的眼睛，便会露出欣喜的笑容。这种无条件的爱，这种目光的交汇，其实是孩子灵魂能获得的最大滋养。这种爱将真正充实孩子的灵魂深处，成为孩子赖以为生的源泉。

接下来是第三种对子女的爱。你对孩子投入了同情，倾注了数年的无条件之爱——仅仅是享受着做父母的快乐，终于，现在你能够献出第三种爱，一种要求更高的爱。

在第一种爱，即同情（Rachamim）之爱发端时，孩子在子宫内不得见母亲的脸，出生后方可。这时父母的职责是什么呢？是回应孩子的目光。

回应的方式有两种，第一种是无条件的爱，这是一种自上而下的爱。父母从上方俯视孩子，孩子无力回应，什么也不能做。这种爱不是靠孩子争取而来的，完完全全由父母给予。但还有一种爱，还有一种回应孩子视线的方式，是面对面水平地凝视。

这是在人生稍晚的阶段，孩子已成长为我们能够平视的样子，与我们平等。因此，和家长一样，孩子也能够决断选择，因而他们很可能做出与我们不同的选择。当此之时，父母或选择避开孩子的视线，或是面对面回应孩子的视线。

假如我的孩子试图和我协商理论，解释其想法，而我却拒绝沟通，垂着眼避开其视线，我实际上是在对孩子表明：你这是在胡闹，一切由我操控，我拴着你呢。我建议家长不要这么做。当孩子做的选择我们不满意时，请给他们一个安全选择的空间，这样同时也给我们父母和孩子双方时间和机会调解。看着他们的眼睛，平息你的怒火，不要让他们永远愧疚。看着孩子，赐予他平和与安详。

当我们目光相接，爱的时刻到来。这样的爱是不易给予的，但要成为真正的父母，就得学会放手，学会接纳孩子，学会欣赏孩子的选择会和你不一样，即使孩子让自己失望。俯视孩子是无条件的爱，更难的是平视孩子，赐予他平和。

是什么让家长有内在力量接受和允许孩子离开、独立、成人？——无论这样的分离对你来说感觉是好还是坏。答案是"过往"。我过往给予孩子同情，祝福他，为他付出，把他养育成人，守护他，对他露出欣喜的笑容，那么我就拥有了过往汇聚而成的爱的源泉。这些美好时光储存在记忆中，我随时可以从中汲取力量，因此当分离的那一刻到来时，我将送给孩子一份有力的礼物：认可他独立成人，与父母有平等、平和的关系。这是父母能给孩子的最好的礼物。

对子女的爱有三种：同情、无条件之爱以及平等之爱——用这种爱，我放你去走你的路，我赐予你安宁。

最后我希望提出一点个人建议。我每周五晚都为孩子送上三句祝福的诗句，上述的内容让我对于我所说的祝福有更深入的把握，让我与孩子相处的时光有了更多更深的意义。假如你没有祝福的习惯，我建议你可以试着这么做。可以考虑使用你内心细致入微的珠玑字句，给孩子送上祝福。孩子们会喜欢的，他们十分乐意得到家长的祝福。

当孩子来找你，请抽空想想这三种对子女的爱，问问自己：在我孩子人生的这个阶段，他需要哪一种爱？他需要被抚养、被守护吗？或许他需要我的一个微笑，知道我乐意与他相伴并以之为骄傲。或许孩子需要更多无条件的爱，或许他需要平和。或许孩子需要我抬起他的下巴，直视他的眼睛，告诉他我会用爱陪伴他前行，他可以做出与我不同的选择。

这三句诗分别对应三个育儿阶段，让我们简要回顾一下核心理念：

作为父母你需要做三件事：首先，努力守护孩子，滋养孩子。这里涉及两种努力，一方面是被动的，我设立藩篱让孩子不受外界的干扰；另一方面是主动的，我给孩子成长所需的一切滋养——爱、教育、食物，诸如此类。子宫就是守护和滋养孩子的典范。这就是第一条，养育、保护孩子。

第二条是无条件的爱。最典型的时刻就是孩子出生时。一位新妈妈做的第一件事就是看孩子，看着孩子，她会忍不住微笑。那种微笑并不是为了要养育孩子，而是纯粹看到他就开心，因为你爱他。他什么也不用做，他这样就很好。这就是第二阶段。

第三条：我们一生都在对孩子保有这样的爱，无论何时你看见自己的孩子，无论她是三岁、四岁还是十五岁，你就是忍不住微笑，而孩子便接收到你所给予的这种爱，这是育儿的重要部分，因为即使你没有刻意促进孩子的成长，这种"我爱你，因为这个人是你"的事实就能让孩子受到无与伦比的滋养。

第三阶段：前两个阶段里，孩子在子宫里什么都不能做，刚出生也是。但是到了一个时刻，孩子就会开始有自己的想法，而他终将做出一些事情，让你不满，让你反对，或者他选择了一条与你不同的道路，分道扬镳。这时，家长会失落。家长面对的挑战是真正放手，让孩子安心地走上自己的路。这就是最后一个阶段：给予他安宁。

有趣的是，第二与第三阶段都涉及父母与孩子目光的交汇。

差别在于，当一个母亲满面红光地俯视着怀中的孩子时，两人的关系是垂直的，自上而下的。而当两人关系平等时，应当是平视着彼此的。孩子和父母一样可以自由选择，父母要接受他的选择。但如果父母不肯放手，打出"愧疚牌"，那么孩子就只能继续被俯视。

假如我的孩子做了让我不愉快的事，比如选择某个专业，走了一条和我不同的道路，我和孩子谈话，告诉他我不喜欢他这么做，而直到谈话结束，我都没有直视他的眼睛。那么我们之间没有相互尊重，这会让孩子沮丧。

这种感觉就是愧疚。作为父母，我可以打出"你怎么能这样对我？"或"你对得起我吗？"这张牌，指望孩子看到我的失望，而改变他的选择。

这是不合理的。在谈话最后你应当给予孩子最后一份礼物，应当平视他的眼睛，而不是俯视。当你们平视彼此，目光交汇，孩子就获得了安宁。

说起来容易，做起来很难。假设我的七个孩子中有一个结婚了，我去探望这对新婚夫妇，结果发现，天呐，他们的屋子乱得一塌糊涂，诸如此类。作为家长，我控制了心中的不满，我对自己说了千百遍"要冷静""我什么也不会说，什么也不说"，但是没有用，不知怎么的我还是说了……我该怎么做？最后，我该怎样放手、离开，让子女独立、安宁？有什么法子？

方法就是努力和子女构建积极健全的关系。你我都知道，关系不是凭空出现的，而是产生于我们设置的时空中。**与子女的关系就像一个孩子，它需要呵护、需要守卫**。孩子在成长过程中，与父母的关系也在萌芽、发展、培养、成熟，精益求精地塑造和打磨。于是有一天，我们要做的不再是保护、促进孩子的成长，而是要守卫和增进彼此的关系。

家长总是放不开手的原因是什么呢？是担心自己失去孩子，担心彼此的关系结束。你会这么想：假如我不能继续管着孩子，我们就不再有联系了。实际上，事实正好相反。假如我要和孩子建立健康的联系，不能单靠管教，而是靠理解与共情。我是和一个独立的个体相互理解，这就是在构建我们之间的关系。我就舒服地坐着，享受我们之间的关系，这样我才能真正充分欣赏之。这就是我的养育努力所投入的成果。这样，这份关系对我就很特别了，我必须守卫它——这意味着，我必须确保不越界，不在孩子不需要的时候管教他。我会告诉自己：我要做的是欣赏你，并欣赏我们之间的关系。

干涉已成年的孩子，就是在摧毁他的独立性。要如何才能有力量守护你们关系的边界呢？那就是认识并欣赏你们丰富充实的关系，认识到你为之付出了多少。所以当你走进你孩子的家，别抱怨房间的脏乱，甚至连眉头都别皱一下！他与你不一样，你得接受这一点。你要看到他的独立性，认识到这种独立性建立在他的种种缺点之上，只有这样才能让你们的关系健康有力。你深刻地享受这种关系，这种享受将给予你力量，让你守护你与孩子的关系的边界，让这一净土为你二人永存！而这，正是无价之宝。

作者致谢

首先，在此我衷心地感激所有与我分享人生故事和挑战的中国父亲们！我也感谢以下全体人员，若没有他们的支持，本书的写作不可能实现。

Harvest 70 Sevens Pty Ltd 公司的策划

中以澳文化友好交流协会所提供的编辑和研究人员：Anne Hamilton, Donna Ho 和 Quang Hii

中以澳影视集团摄制组和演员

嘉宾作家：大卫·福尔萌

翻译员：阮诗芸

艺术家：Kayleen Jensen，王廷昌

出版社：广西师范大学出版社集团有限公司

最后但同样重要的，我感激爱妻和孩子们的支持和鼓励。